Literaturlandschaften

AF238578

Karl Koch, 1951 geboren. Studium der Wirtschaftswissenschaften und der Evangelischen Theologie. Bevorzugte Veröffentlichungsbereiche: Goethe, Calvinismusforschung, Literaturtopographie.

KARL KOCH

Ach Weimar, geliebtes Weimar

Literarische, musikalische und theologische
Spaziergänge durch die Klassikerstadt

Literaturlandschaften Taschenbuch

Literaturlandschaften Taschenbuch
Ach Weimar, geliebtes Weimar

2. Auflage 2010

© Verlag Deutsche Literaturlandschaften e.K., Nordhorn 2006
www.literaturlandschaften.de
Alle Rechte vorbehalten.

Kein Teil des Werkes darf in irgendeiner Form
ohne schriftliche Genehmigung des Verlages reproduziert
oder unter Verwendung elektronischer Systeme verarbeitet,
vervielfältigt oder verbreitet werden.

Titelmotiv: Hauptweg des
Historischen Friedhofs in Weimar
Foto: Deutsche Literaturlandschaften

Zitat von Louis Aragon (aus dem Nachwort zu Tschingis
Aitmatow, „Dshamilja") mit freundlicher Genehmigung des
Unionsverlags Zürich.

Druck und Bindung: GGP Media GmbH, Pößneck
Printed in Germany

ISBN 978-3-926304-10-0

INHALT

„Bei Gott, wie ist die Erde

noch jung und schön!

Noch gar nichts ist ausgeschöpft,

alles kann noch die Herzen

höher schlagen lassen!"

LOUIS ARAGON

VORWORT

Mitternacht 31. Dezember 1999. Europa nimmt Abschied von den gemeinsamen Tagen mit Raffael und Galilei, mit Shakespeare, Mozart und Goethe.

„Wo seid ihr?", frage ich, nachdem die guten Wünsche ausgetauscht sind. „Wir stehen in der Menschenmenge vor dem Nationaltheater", sagt der Freund, der mit seiner Frau nach Weimar gereist ist.

„Ich hab' unsere Sektgläser zwischen Goethes Füße auf das Denkmal gestellt", berichtet er. „Stell sie lieber auf den Sockel", scherze ich, „du kennst Goethes Leidenschaft für derartige Getränke!" „Ach was", lacht er mit der überlegenen Weltsicht des Praktikers, der die Dinge selbst im Scherz nicht gering deuten mag, „der kann soviel haben wie er will, wir sind ja seinetwegen hergekommen!"

„Seinetwegen hergekommen!" Wieder durchströmt es mich, dieses merkwürdige Glück, das seit vielen Jahren auch bei mir mit der Stadt an der Ilm verbunden ist. Am liebsten würde ich dem alten Freund den schönen Satz des potentiellen Sektdiebes Goethe noch ins Handy diktieren, aber er hat schon aufgelegt.

Ja, Goethe hat recht, und beim nächsten Besuch in Weimar will ich es nicht vergessen, das große Wort, mit dem der Dichter sowohl die bescheidenen irdischen als auch die gewaltigen kosmischen Wichtigtuereien auf das rechte Maß gestutzt hat: „Denn wozu dient alle der Aufwand von Sonnen und Planeten und Monden, von Sternen und Milchstraßen, von Kometen und Nebelflecken, von gewordenen und werdenden Wolken, wenn sich nicht zuletzt ein glücklicher Mensch unbewußt seines Daseins erfreut?" So hat Goethe gefragt, und die Menschheit sollte ihn dafür umarmen.

Jeder Gang in den folgenden Weimar-Spaziergängen ist diesem „unbewußten Glück" geschuldet, das am 7. November 1775 morgens um fünf Uhr mit dem jungen „Werther"-Autor Johann Wolfgang Goethe in der Reisekutsche durch das Erfurter Tor rollte und über Geleitstraße und Eisfeld beim Kalbschen Haus neben St. Peter und Paul eintraf und die Stadt bis heute nicht wieder verließ.

Wer seinen Spuren folgen will, kann es im kleinen Weimar buchstäblich von Straße zu Straße und von Haus zu Haus. An Führern ist kein Mangel (und zwei sind im „Weinkeller" dieses Buches, den Anmerkungen, zu finden).

Etwas andere „Schritte" unternimmt der Autor, wenn er mit eigenem Blick durch Gassen und Jahrhunderte, durch Wissenschaft und Biographie schweift und dabei sogar zuweilen den in Weimar so lebendigen Toten begegnet. Der Autor hält es allerdings für richtig, eine der schönsten Warnungen der Weltliteratur weiterzugeben. Henry Fielding, Verfasser des unsterblichen „Tom Jones" (den der Weimarer Johann Joachim Bode übersetzte), hielt sie 1749 den Lesern zu Beginn seiner mehr als tausend Seiten entgegen: „Leser, ich erachte es für ratsam, dich, ehe wir noch einen weiteren Schritt miteinander gehen, zu benachrichtigen, daß ich beabsichtige, während dieser ganzen Geschichte so oft abzuschweifen, als sich dazu Gelegenheit bietet", warnt Fielding, und ich verkrieche mich stolz hinter seinem breiten weltliterarischen Rücken.

Denn auch die hier vorliegenden „Spaziergänge" neigen zum Umweg, zum Seitenpfad, zum Abschweifen, so oft sich Gelegenheit dazu bietet! Wo anders als im „Abschweifen" könnten sich Wahrheit, Glück und Lust verborgen halten?

Herzlich bittet der Autor deshalb den Weimar-Spaziergänger (ob an der Ilm oder weit entfernt), ihn auf seinen Gängen mit gleicher Neugier und Vorsicht zu begleiten, als wenn es „von Haus zu Haus" ginge. Er wird dabei vielleicht manchen Stein am Boden finden, den er mitnehmen kann.

„Ich sage gern ›Goethe‹", hat der Nobelpreisträger Elias Canetti bekannt und gleichzeitig gestanden, „vielleicht nenne ich ihn, weil ich mich vor ihm schämen möchte". So geht es mir. Und so geht es wohl auch Geert, dem Freund mit dem Sektglas zu Goethes Füßen. Aber es ist eine Scham, die beglückt. Mancher Weimar-Besucher, der die weiße Pforte an Goethes Gartenhaus im Park hinter sich zugezogen hat, weiß davon ein Lied zu singen.

Nordhorn, 27. Januar 2006, am 250. Geburtstag Mozarts, des Jahrtausendbruders, den Goethe verehrte und der ihm darin überlegen war, dass er nicht den Zweifel kannte.

Anreise

und „Wundervolles mächtiges Gefühl"

Nur wenige Augenblicke gibt die Autobahn zwischen den Ausfahrten Hellern und Sutthausen den Blick auf die Türme des Osnabrücker Doms frei. Meinen beiden Gefährten haben sie genügt, sich blitzschnell meiner zu bemächtigen. Sie sind mir trotz des Überfalls stets willkommen. Wie sollte ich nach Weimar reisen, ohne sie mitzunehmen?

Später schließt sich uns ein weiterer Mitfahrer an. Er kommt aus der Lüneburger Heide, und wir fürchten uns ein wenig vor ihm. Dennoch komme ich nicht umhin, ihm Zuneigung, ja Verehrung entgegenzubringen. Allerdings lasse ich keine Gelegenheit aus, um ihn zu kränken oder wenigstens zu kritisieren. Da er um seinen Wert weiß, nimmt er es gelassen hin. Zudem straft er uns in der Regel ohnehin mit gleichgültigem Schweigen.

„Ich finde Niemanden, der so häufig recht hätte, wie ich!", versicherte er einmal, und wir hüteten uns, ihm zu widersprechen. Von Goethe, um den sich unsere Gedanken oft drehen, hält er nicht viel (es wird jedoch auch Neid sein!), obwohl dieser über die Bedeutung unseres Begleiters als Schriftsteller gesagt haben soll: „Schmidt??" (so sein erstaunlich harmloser Name!) „Gut —— : sogar *sehr* gut!"

Fahre ich mit dem Zug, erwarten meine zwei Begleiter mich im Osnabrücker Bahnhof. In Lage-Lippe, wo der Regionalzug auf dem Weg zur Umsteigestation Altenbeken hält, schließen wir demonstrativ das Fenster. Ganz in der Nähe, im benachbarten Lieme, schrieb der Theologe Pustkuchen, gerade dreißig Jahre alt, seine falschen „Wanderjahre", um Goethe zu belehren und das Publikum vor sittlicher Gefährdung zu schützen. Der Erfolg des niederträchtigen Werkes ging dem Weimarer durchaus an die Nieren. Wir nehmen Pustkuchen die Attacke noch heute krumm.

Bald darauf schließt sich uns auf dem Umsteigebahnhof Altenbeken widerwillig Schmidt an. Auch während der Bahnreise schweigt er und meidet uns, wann eben es geht. „Füße etwas vertreten und die Feindschaft im Abteil abklingen lassen", hat er über diese kleinen Fluchten einmal geschrieben. Weshalb er sich überhaupt zu uns gesellt, ist uns ein Rätsel. „Man ist also doch letzten Endes allein", stellt er mit Blick auf solche Reisegesellschaft in seinen Aufzeichnungen lakonisch fest.

„Fahren Sie doch schneller. Geht denn das nicht etwas zügiger?", drängen meine beiden Osnabrücker während der Autofahrt und benehmen sich ungebärdig wie Engel, die bekanntlich nicht unterscheiden können, ob sie sich unter Toten oder Lebenden bewegen. Erst wenn der Thüringer Wald dem Auge Turm und Palas der Wartburg freigibt, geben sie Ruhe.

„Wussten Sie, dass die Ehe der Heiligen Elisabeth von Thüringen dort oben nur sechs Jahre dauerte? Mit Vierzehn wurde sie dem Landgrafen Ludwig angetraut, mit Zwanzig war bereits alles vorbei, und der miese Schwager hatte nach dem Tode ihres Mannes nichts Eiligeres zu tun, als sie mit drei kleinen Kindern aus dem Haus zu jagen. Dann begann ihre Betteltour in Eisenach. Sie, die als Landgräfin den halben Ort über Wasser gehalten hatte, erlebte ihr blaues Wunder mit der Dankbarkeit der Thüringer", bemerkt der ältere meiner beiden Osnabrücker Begleiter.

„Das Schlimmste haben Sie vergessen!", sagt der andere: „Mit Achtzehn, Ludwig lebte also noch, war sie in die Hände dieses Scheusals Konrad von Marburg geraten. Er war als Kreuzzugsprediger in Deutschland unterwegs und verführte auch ihren Mann zur Reise ins Heilige Land. Sie wählte ihn zum Beichtvater und lieferte sich ihm in bedingungslosem Gehorsam aus."

„Dennoch! Wir haben es mit einer Heiligen zu tun, die in der Welt nicht ihresgleichen hat!", sagt einer meiner Begleiter. „Normalerweise lässt er sie von Gehilfen züchtigen für die Verfehlungen, die sie ihm beichtet. Aber wenn es wichtig wird, greift er selbst durch. Doch was hat Elisabeth schon zu beichten? Zum Beispiel, dass sie einen gelähmten Knaben, der weder Vater noch Mutter hat und an Blutfluss leidet, nachts heimlich zu sich ins Bett nimmt. Als Konrad erfährt, dass sie ohne sein Wissen ein aussätziges Mädchen pflegt, züchtigt er sie persönlich ‚aufs härteste‘, wie er notiert. Seine Begründung ist gut: Sie hätte sich anstecken können. Später wird er Klostervisitator und schließlich erster Inquisitions-Direktor. Die Kirche vertraut ihm die Schlüssel zu einer Abteilung der Hölle an. Jetzt ist er in seinem Element, ein unerbittlicher Glaubensretter oder gemeiner Sadist – wer wollte da unterscheiden? Als er von Angehörigen eines seiner Folteropfer erschlagen wird, ist die Freude in Deutschland groß. ‚Man sollte seine Leiche ausgraben, um ihn nachträglich selbst als Ketzer zu verbrennen!‘, schlägt ein Kirchenfürst noch ein Jahr nach seinem Tod vor.“

Der Autobahnwegweiser zeigt die Ausfahrt „Eisenach-West“ an. „Wie erging es ihr unten in der Stadt?“, frage ich.

„Mit den drei Kindern kam sie in einem Verschlag unter. Sie pries das Quartier. Wie ihr großes Vorbild Franziskus, der wenige Jahre zuvor in einer dunklen Höhle den göttlichen ‚Sonnengesang‘ schrieb. Bei Besorgungen in der Stadt trat ihr auf einem schmalen Steg eine alte Frau in den Weg, die früher viel Unterstützung durch Elisabeth erfahren hatte. Das Mütterchen versetzte ihr so gekonnt einen Stoß, dass sie im Kot landete.“

„Heiligenlegendenquatsch?“

„Nein, diese Leute gibt es. Sie sind nicht einmal so selten in der bürgerlichen Gesellschaft. Doch zum Glück mangelt es an Gelegenheiten. Davon abgesehen stellt die Rache gegenüber einer verpflichtenden

Dankbarkeit eines der interessantesten psychologischen Probleme überhaupt dar."

„Sie müssten die Umgebung der Wartburg einmal im Abendlicht sehen!", sagt der andere meiner beiden Begleiter. „Goethe hat sie Frau von Stein während einer seiner Wartburgnächte so beschrieben: ‚Wiesgen, Büsche, Wälder und Waldblößen, die Felsenabgänge davor, und hinten die Wände, und wie der Schatten des Schloßbergs und Schlosses unten alles finster hält und drüben an den sachten Wänden sich noch anfaßt, wie die nackten Felsspitzen im Monde röten, und die lieblichen Auen und Täler ferner hinunter, und das weite Thüringen hinterwärts im Dämmer sich dem Himmel mischt.' Enthusiastisch schwärmt er: ‚Wenn ich Ihnen nur diesen Blick, der mich nur kostet aufzustehn vom Stuhl, hinübersegnen könnte.' Am nächsten Tag heißt es sogar: ‚Diese Wohnung ist das herrlichste, was ich erlebt habe ...' "

„Er hat recht", sage ich und berichte vom 28. August 1999. In Weimar hatten wir Goethes 250. Geburtstag gefeiert und zu Ehren des Tages ein Zimmer im Hotel auf der Wartburg bezogen, um dort oben einmal mit eigenen Augen zu sehen, „wie das weite Thüringen hinterwärts im Dämmer sich dem Himmel mischt". „Ein unbeschreiblicher Anblick! Es ist wirklich die herrlichste Wohnung, die man sich in Deutschland denken kann."

„‚Hinübersegnen', welch ein Wort, es allein wiegt zehn Bände deutscher Literatur auf!", bemerkt einer meiner beiden Begleiter und fährt fort: „Wir vergaßen Sängerkrieg, Burschenschaft und, wie Sie es nennen, Wiedervereinigung."

„Das alles gehört zu den lauten Veranstaltungen der Weltgeschichte. Was die Krachmacher nicht wissen: Nur die leise Weltgeschichte überlebt!", sagt der jüngere meiner Begleiter.

„Nehmen Sie zum Beispiel die Übersetzung des Neuen Testaments, in der Dezemberkälte des Jahres 1521 hier oben begonnen", werfe ich ein. „Die schönsten Sätze der deutschen Sprache schlüpfen dem leise gewordenen Mönch mit dem sonst so lauten Organ in den Federkiel: ‚Es begab sich aber zu der Zeit, dass ein Gebot ausging von dem Kaiser Augusto, auf dass alle Welt geschätzt würde' oder ‚Und das habt zum Zeichen. Ihr werdet finden das Kind in Windeln gewickelt und in einer Krippen liegen.' Die Geburt einer neuen Sprache, die einem ‚durch und durch geht und Schauer den Rücken herunterstreichen lässt'; die Geburt einer ganz neuen Welt. Hier oben hat die Krippe gestanden. Eine wirklich ‚gute Botschaft' geht nach tausend Jahren dumpfer Versenkung von hier aus neu um die Welt und erreicht jede Hütte und jeden Palast.

Dennoch ruht in uns allen eine geheime Sehnsucht nach der Herrschaft jener alten Männer mit den feierlichen, bunten Messgewändern, denen der laute Mönch dort oben später Europa abspenstig machte. Die protestantische Freiheit mit ihrer gewieften Luthersprache im nüchternen Professorentalar ist die anstrengendere Form des Glaubens. Ein Bild vermöge ihm mehr zu sagen als tausend Predigten, spottete der kluge Erasmus von Rotterdam, während Goethe nach der Weihnachtsmesse in der Peterskirche in Rom seinen ‚protestantischen Diogenismus' heilig sprach und angesichts der päpstlichen Pracht versicherte, ‚daß mir diese Herrlichkeit mehr nimmt als gibt‘. Es lebt sich vielleicht entspannter im Schoße der römischen Kirche. Allerdings muss man dafür zum Beispiel auf die stolze Solidarität mit evangelischen Bischöfinnen verzichten, die mit den unverheirateten Männern Streitgespräche über Sexualität führen. Morgens aufzuwachen und neben sich ‚zwei Zöpfe‘ zu finden, wie es dem Mönch da oben später in Wittenberg geschah, ist nicht das Schlechteste.

Außerdem: Hier oben wird die Gründung des evangelischen Pfarrhauses eingeleitet, Heimat vieler der besten Köpfe der Welt. Ein unglaubliches Erfolgsmodell. Die katholische Kirche hatte nichts dagegenzusetzen, und so wog die Herrschaft der ‚zwei Zöpfe‘ die Herrschaft der alten Männer mühelos auf. Und wohl nicht von ungefähr haben ausgerechnet Faust und Hamlet, die beiden heißesten Köpfe der Weltliteratur, in Wittenberg studiert.“

„Christentum und Kultur?: das ist wie Wasser und Feuer!“, zischt es aus dem bis dahin schweigenden Hintergrund. Erschrocken blicken wir auf, lassen uns aber von unserer Unterhaltung nicht ablenken.

In der Ferne künden die Turmspitzen von Schloss Friedenstein Gotha an.

„Kaum jemand weiß noch, dass der große Voltaire, diese ‚Canaille von einem Gott‘, wie Goethe ihn nennt, 1753 in Gotha Zuflucht fand und die erste Gesamtausgabe seiner Werke hier erschien. Damals konnte am Gothaischen Wesen tatsächlich die ganze Welt genesen. Ein Ländchen wie im Bilderbuch“, schwärmt der ältere meiner beiden Begleiter.

„Das Schlossmuseum verfügt über zwei Büsten von Voltaire", sage ich. „Man hat sie absichtlich einander gegenüber platziert, und so muss er sich Tag und Nacht selbst beobachten, was kein Vergnügen sein dürfte. Houdon, der französische Bildhauer, der ihn kurz vor seinem Tod porträtierte, hat das hässliche Gesicht zudem mit allen Anzeichen des körperlichen Verfalls ausgestattet. Aber er hat ihm sein spöttisches Lächeln so um Mund und Augen gelegt, dass es noch heute die Welt aus den Angeln heben könnte. Es lohnt sich, allein dieses Lächelns wegen Gotha zu besuchen."

Schon taucht am Horizont das bezaubernde Landschaftsgestirn der Drei Gleichen auf: zur Linken Gleichenburg, zur Rechten Mühlburg und Wachsenburg.

„Dort oben hat", wende ich mich, auf die Ruine der Burg Gleichen deutend, an meine Begleiter, „Deutschlands merkwürdigstes Ehebett gestanden. Gleich vier Zöpfe, zwei blonde und zwei schwarze, fand man darin. Leider hat ein preußischer General im 19. Jahrhundert die Burg samt Schlafgemach und Ehebett ohne Grund abtragen lassen. Doch die Mauerreste verraten alles.

Generationen von Lesern genossen die Geschichte als ‚Volksmärchen der Deutschen', bevor die Brüder Grimm mit ihren Kindermärchen die Geschichte vom Tisch wischten. Johann Karl August Musäus, Weimarer Bestsellerautor und Schlitzohr ersten Ranges, übergab sie seinen Landsleuten. Goethe, der sie übernehmen wollte, hatte Pech damit. Als er die frivole Geschichte, die ihm natürlich hervorragend gefiel, als Schlüsselszene in seine ‚Stella‘ einbaute, hagelte es Aufführungsverbote. Gezwungenermaßen revidierte er den Schluss, so dass er heute harmlos daherkommt. Der Hintergrund ist bekannt?", frage ich.

„Ich werde Ihnen die Geschichte in Erinnerung rufen", sagt der ältere meiner beiden Begleiter, „ich habe sie als Student in Jena oft gelesen. Sie ist rasch erzählt:

Der Graf von Gleichen war gemeinsam mit Elisabeths Mann, dem Landgrafen Ludwig, auf Konrad von Marburgs Hetzpredigten hin ins Heilige Land gezogen. Im Gegensatz zu Ludwig kam er jedoch nach jahrelanger Gefangenschaft zurück, und zwar nicht allein. Eine muslimische Prinzessin – es ist von einer Türkin die Rede und der Türkenweg, der zur Burg hinaufführt, zeugt noch immer davon! – verhalf ihm zur Flucht. Er hatte ihr die Ehe dafür versprochen. Vorsichtshalber reiste er mit seiner hübschen Retterin zunächst zum Papst, der in diesem besonderen Fall Dispens für eine Doppelehe erteilte.

Jetzt kam alles auf die Gräfin hier oben an. Und das Wunder geschieht: Aus Dankbarkeit über seine Rückkehr teilt sie den Ehemann mit der jungen Rivalin. Unverzüglich lässt sie ein Dreierbett anfertigen und bezieht es mit erlesener Bettwäsche. So präsentiert sie es dem verblüfften Gatten.

‚Dieser redende Beweis von der zuvorkommenden ehelichen Gefälligkeit seiner Gemahlin rührte ihn von der Stelle‘, schreibt Musäus: ‚Er hing an ihrem Halse und küßte sie außer Atem beim Anblick dieser Anstalten zur Vervollkommnung seiner Ehefreuden. Herrliches Weib! rief er mit Entzücken aus, dieser

Liebestempel erhebt dich über Tausende deines Geschlechts.' Und er versichert der klugen Frau, dass, solange noch ein Span von dem Bett übrig sein wird, die Männerwelt ,ihren Gattinnen deine exemplarische Gefälligkeit anpreisen' wird.

Dem Erfurter Bischof, der von dem Sündenbabel vor seinen Toren erfährt, wird die päpstliche Genehmigung unter die Nase gehalten, und mit saurer Miene muss er die Trauung vollziehen. Die muslimische Prinzessin erhält den christlichen Namen Angelika, und dann zieht häuslicher Friede auf der Burg ein. Das mächtige Bett tut viele Jahre seinen Dienst, den Musäus nicht zu beschreiben vergisst: ,Nach so vielen kummervollen Nächten (gemeint ist die Zeit der Gefangenschaft ihres Gatten!) drückte ein bescheidener Schlummer der Gräfin Ottilia an der Seite ihres wiedergefundenen Eheherrn bald die Augen zu und verstattete ihm die unbeschränkte Freiheit, mit der zärtlichen Angelika nach aller Bequemlichkeit den Endreim auf Muschirumi zu suchen.'

,Und ihr Glück, und ihre Liebe faßte selig Eine Wohnung, Ein Bett, und Ein Grab', bescheinigt ihnen Goethe trotz aller Aufführungsverbote in seiner ,Stella'.

Das lasen Generationen von Märchenlesern, und Musäus hatte seinen Spaß daran."

„Die beiden Nachbarn, der Besitzer der Mühlburg und der zu der Zeit auf der vor uns liegenden Wachsenburg residierende Schwarzburger Graf, waren natürlich 1227 gemeinsam mit Landgraf Ludwig nach Jerusalem gezogen, um die Stadt von den Ungläubigen zu befreien", sage ich.

„Noch über 700 Jahre später kam wieder einmal eine Retourkutsche, als die dritte amerikanische Armee unter General Eisenhower am 4. April 1945 zur Wachsenburg vorstieß und dort oben einen Beobachtungsstand einrichtete. Ein guter Freund, der junge Karl Bongardt aus Erfurt, wurde in den Jahren darauf ebenfalls noch in die Händel verwickelt. Als Gast der damaligen Burgherrin musste er abends, ähnlich den muselmanischen Wächtern des von den Kreuzrittern belagerten Jerusalems, mit einem Hünen von Hausmeister das gewaltige Außentor der Wachsenburg verrammeln, damit die auf Raub und Schlimmeres erpichten russischen Besatzungssoldaten, die Eisenhower und seine dritte Armee abgelöst hatten, nicht in die Burg vordringen konnten. So leisteten die Tore noch einmal ihren Dienst, vermutlich nicht das letzte Mal", sage ich.

„Auf Raub und auf Schlimmeres erpichte russische Besatzungssoldaten?", äfft unser schweigsamer Begleiter mich überraschend nach, um mit donnernder Stimme zu erklären: „Von Konrad bis Adenauer taten die Deutschen 10 Feldzüge nach Rußland : 4 gegen Hütten ; 2 zur Schau ; 2 geflüchtete ; 2 erobernde ; keinen siegenden ..."

Das ungewöhnliche topographische Verhältnis der drei Burgen muss ihm die Zunge gelöst haben. Penetrantes Kartenstudium und geradezu krankhaftes Interesse an Landvermessung nehmen bei ihm etwa den Rang ein, den bei Goethe die „Farbenlehre" genoss.

Wir nähern uns Erfurt, der alten Metropole Deutschlands, die eigentlich ihrer Lage und Bedeutung, ihrem Charme und ihrer Würde nach anstelle

Berlins deutsche Hauptstadt hätte werden müssen.

„Wissen Sie eigentlich, warum ich Sie mitnehme, obwohl meine Begleiter Ihre Anwesenheit überaus ärgerlich finden?", sage ich zu Schmidt gewandt.

„In erster Linie wegen Ihrer Rettung von Karl Philipp Moritz, Goethes armem Bruder in Rom, über dessen ‚Anton Reiser' Sie das unbezahlbare Urteil ‚Ein Buch, wie es kein anderes Volk der Erde besitzt' gefällt haben. Das sei Ihnen unvergessen. Und", füge ich hinzu, „unvergessen sei Ihnen auch Ihre Erinnerung an Moritz' vielleicht noch grandioseren ‚Andreas Hartknopf', dessen gleichnamige Titelgestalt übrigens vor ihrem Abschied aus Erfurt drüben auf der großen Treppe vor dem Dom sitzt und einen Rettich verzehrt."

„Dort oben kann man die drei Bettgenossen noch heute finden", sagt der ältere meiner Begleiter. „Auf dem steinernen Grabmal im Dom steht der Graf stolz zwischen seinen beiden Frauen. Alle drei lächeln."

„Die offiziellen Erläuterungen sprechen allerdings entgegen der Überlieferung bei den beiden Frauen von Mutter und Ehegattin", erläutert der andere Begleiter. „Der Bischof tut sich wohl noch heute schwer mit dem päpstlichen Dispens."

Am Hang des Ettersberges drängt sich vor uns das gewaltige Mahnmal ins Auge, das, wie der Buchenwaldhäftling und Schriftsteller Jorge Semprún schimpft, „allein wegen seines schlechten Geschmacks abscheulich ist".

„Aber es tut seinen Dienst, und es geht in manchen Fällen nicht ohne monumentale Denkmäler", sage ich.

„Ich dächte, wir versuchten, wie in dieser guten Luft uns etwa ein kleines Frühstück behagen möchte!", hatte Goethe an jenem wunderbar milden Morgen des 26. September 1827 auf dem Ettersberg zu seinem jungen Begleiter Eckermann bemerkt und ihn gebeten, den Picknickkorb auszupacken, nachdem er selbst es sich bereits mit dem Rücken an einer Eiche bequem gemacht hatte. „Hier fühlt man sich groß und frei, wie die große Natur, die man vor Augen hat, und wie man eigentlich immer sein sollte", hatte der gut gelaunte Dichter gesagt.

„Ich klage Sie an vor dem Richterstuhl Gottes! Ich klage Sie an des Mordes an diesen Häftlingen", sagt einhundertelf Jahre später ‚groß und frei und wie man eigentlich immer sein sollte' der Pfarrer Paul Schneider auf demselben Berg zu dem gefürchteten KZ-Kommandanten.

„Dort drüben hat er aus dem schmalen Schlitz seiner ‚dunklen Höhle' im Bunkerbau des Lagers am Ostermorgen 1939 über den totenstill gewordenen Appellplatz die Worte ‚So spricht der Herr: Ich bin die Auferstehung und das Leben' gerufen und den Häftlingen Mut zugesprochen, bis die Knüppel der Wachmannschaft auf ihn niederprasselten. Eine der großen Stunden in der Geschichte des Abendlandes. Größer noch als jene des 12. Februar 1776, in der Goethe wenige Meter entfernt ‚Wandrers Nachtlied', ‚Der du von dem Himmel bist, / alles Leid und Schmerzen stillest', schrieb."

Goethe und Paul Schneider. Nichts verbindet beide, und doch ergreift mich ihretwegen jenes „wundervolle mächtige Gefühl", wenn ich mich der Stadt nähere, ob von der Autobahn oder bei der Einfahrt in den Bahnhof.

„Ausfahrt Weimar 1000 m!" Der Wegweiser zeigt das Ziel unserer Reise an. Schon sind wir auf die Landstraße eingebogen, die von Weimar nach Rudolstadt führt. Lyonel Feiningers Gelmerodaer Kirchturm grüßt flüchtig herüber. 1906 zeichnete der gebürtige New Yorker die Dorfkirche zum ersten Mal. Sie bleibt ein Leben lang sein künstlerisches Erotikon. Nach der Verbannung als „entarteter Künstler" noch einmal nach Deutschland zurückgekehrt, stammt die letzte Lithographie, die der 84-Jährige anfertigt, von seiner Dorfkirche. Er hatte sie seit seiner Flucht aus Deutschland nicht mehr gesehen. „Ein Weimarsüchtiger, wie wir", bemerke ich zu meinen beiden Osnabrückern.

„Ich muss zur Esplanade", sagt der ältere meiner beiden Begleiter, und nicht ohne einen Hauch von Angeberei ergänzt er: „Zum Schillerhaus!"

Als wenn ich das nicht wüsste!

„Mich lassen Sie bitte an der Humboldtstraße hinter dem Nietzsche-Archiv aussteigen", bittet der andere. „Hab ein Stückchen Land, hoch über der Stadt."

„Ist schon recht!", antworte ich.

Schmidt äußert keinen Wunsch.

Eines Tages werden wir gemeinsam an der Autobahn oder auf dem Bahnsteig warten. Ein neuer Weggefährte, der um uns weiß, wird uns nicht stehen lassen, wenn wir ihm auflauern. „Zum Frauenplan, bitte direkt zum Goethehaus am Frauenplan!", werde ich ihm sagen, wenn die anderen ausgestiegen sind.

Historischer Friedhof (Besuchte Gräber)

1 Meyer
2 Genast
3 J. Eckermann
4 Huschke
5 Riemer
6 v. Kotzebue
7 Hahn
8 Suphan
9 Bode
10 Seidler
11 C. Herder
12 Hummel
13 Fam. Goethe
14 Falk
15 Ch. v. Stein
16 J. P. Eckermann
17 Fam. Hecker
18 Scheidemantel
19 Deetjen
20 Kiepenheuer
21 Wahl
22 Fürnberg
23 Lilienfein
24 Seebach-Stiftung
25 Goethe / Schiller /
   Herzog
   Carl August
26 Maria Pawlowna
27 Walbaum
28 Vulpius

„Kosend spielt er mit dem Staube"

Ein Tanz über den Historischen Friedhof

Wie ein historischer Laufsteg führt der Zebrastreifen am Poseckschen Garten über die vielbefahrene Straße auf die von der Natur bestückte Bühne des Historischen Friedhofs, in deren Kulisse das klassische Ensemble sich zu einer großen Pause zurückgezogen zu haben scheint.

„Das ganze Ballett, das um ihn tanzte", hat jemand die hier Versammelten genannt. Die meisten haben gern mitgetanzt und waren stolz darauf. Andere mussten sich dem Reigen anschließen, wie wir immer im Leben mitmachen müssen, um über die Runden zu kommen. Wie leicht vergisst man, dass der Mensch in der Tat nur zwischen den beiden Möglichkeiten wählen kann, „zu sterben oder sich fürs Weiterleben oder Besserwissen der anderen zu opfern". Das wird sowohl für das Team der örtlichen Pudelzüchter als auch für die größeren Ideen der Menschheit wie Monarchie oder Kommunismus gelten.

Goethe selbst hatte ein „Sesam, öffne dich", eine Zauberformel gegen Unterordnung und die Unerträglichkeit des zweiten Gliedes formuliert, indem er riet: „Gegen große Vorzüge eines andern gibt es kein Rettungsmittel als die Liebe." Aber wie soll man das schaffen, wo wir doch einen wesentlichen Teil unserer Lebensenergie, wie Schopenhauer vermutet, aus dem Neid schöpfen? Wer wüsste nicht, dass das Bergeversetzen, das schon dem Glauben möglich sein soll, für den Neid nur eine kleine Übung ist?

So ließ auch seine Größe die anderen verbluten. Herder zum Beispiel blutete aus vielen Wunden. Selbst Schiller war nie ganz dagegen gefeit. Ihn trug jedoch die Gunst des Publikums, dessen Herz öffentlich für ihn schlug und damit eine eigene, von Goethe unbeeinflusste Sicherheit gab. Wieland, klug und schwach, hielt sich so gut es ging an die Formel.

Wir wollen die Schlafenden ein wenig stören! Wähnt doch schon der neunzehnjährige Goethe, dass es das Schicksal der Verstorbenen ist, die Nachlebenden auf ihren Gräbern tanzen zu sehen. Und was sonst erlaubt sich der Biograph, gleichgültig, welche Bedeutung, Feierlichkeit oder auch Wissenschaftlichkeit er seinem Reigen beimisst. Ich halte es seit Jahren so am Poseckschen Garten. Grüße die Vertrauten und die Fremden, deren Leben mir durch eine Geschichte, ein Bild, manchmal nur durch einen Grabstein nahe ist; lege den Arm um die Allerliebsten, wende mich um und überlasse sie wieder ihrer Totenarroganz, die uns ohnehin alles Weltwissen voraus hat.

Mein erster Besuch gilt stets dem an der Ostmauer ruhenden Schweiger **Johann Heinrich Meyer**. Er will eigentlich keinen Besuch. Schon bei der ersten Begegnung mit Goethe in Rom agierte der Kunstkenner aus dem Hintergrund, so präzise, zuverlässig und leise, dass Goethe keine Minute mehr ohne ihn konnte. Ein gutes Jahrzehnt wohnte der in Zürich geborene Maler nach seinem langen Aufenthalt in Rom in der Mansarde am Frauenplan, besorgte 1792 mit Christiane den Umbau des Hauses während der Abwesenheit des Hausherrn bei der „Campagne in Frankreich" und ist überhaupt Christianes Ersatzmann in allen Fragen des Alltags, wenn der Hausherr fern ist.

Eckermann hält unter dem Datum 27. Februar 1824 eine Szene mit Meyer fest, die mir den Schweiger immer wieder sympathisch macht. Er nimmt sie später nicht in seine „Gespräche" auf. An jenem 27., einem Freitagabend, sitzen Goethe, Meyer und Eckermann in beschwingter Stimmung („Goethe war sehr heiter") zusammen und besprechen die neue Werkausgabe, die bei Cotta erscheinen soll. „Goethe ließ eine Bouteille Wein kommen, woraus er mir ein Glas nach dem andern einschenkte. Meyer trank keinen!", notiert Eckermann.

Ich weiß nicht, warum der Satz mir gefällt. War er als einziger resistent gegen den schleichenden Alkoholismus am Frauenplan? Wusste er zu viel aus dem Hause Goethe? War ihm der Eindruck der jungen Adele Schopenhauer vertraut, die dem schwankenden siebzigjährigen Goethe einmal ungewollt begegnete und daraufhin erschrocken „Ich sah ihn in einem furchtbaren Zustande. Nie werde ich es vergessen" ins Tagebuch schrieb?

Es ist kein kleines Geheimnis um den Alkohol-missbrauch im Hause Goethe, und die verklärende Literaturgeschichte hat zu allen Zeiten einen höflichen Umweg darum gemacht. Und dass der elfjährige August (wenn man Charlotte von Stein glauben will, was ich nicht mag!) nach siebzehn Gläsern Champagner mit List von weiterem Weingenuss abgehalten werden muss, könnte einem nahegehen. Schon der junge Gartenhausbewohner verspricht sich und Frau von Stein im Kampf gegen den täglichen Übergenuss: „Daß ich nur die Hälfte Wein trinke, ist mir sehr nützlich ..." Es wird nicht lange vorgehalten haben. Später warnt „der alte Zecher", der bis zum Ende nicht daran dachte, den „heil'gen Becher hinunter in die Flut" zu werfen, seinen alkoholvertrauten Sohn August, dass der Wein „mehr als man denkt einem besonnenen, heiteren und tätigen Leben entgegenwirkt".

Welche Rolle mag der unberechenbare Zauberer Alkohol in Goethes Werk spielen? Ob auch ihm der Zugang „zu der Stelle, wo die Worte lagern" besser möglich war, wenn Alkohol den Weg wies? Es ist ja ein eigentümlich Ding, dass wir den Chirurgen, der uns operieren soll, mit Entsetzen zur Flasche greifen sehen, während wir dem Dichter, der uns das Leben deuten soll, jeden Rausch zugestehen. Welcher Anteil all dieser Deutung in den Bücherregalen der Welt mag dem Rausch geschuldet sein? Wären unsere Bibliotheken nur noch halb bestückt, entschwände ihnen durch Geisterhand alles Druckwerk, das der Geburtshelfer Alkohol mit auf die Welt brachte? „Trank ich aber in solchen Fällen einige Gläser

Wein, so war es mir sogleich klar, was zu tun sei, und ich war auf der Stelle entschieden", versichert der sonst so vernünftige Eckermann im Gespräch über das Künstlerproblem der „produktiven Stimmung".

(Mein „heimlicher Begleiter" Arno Schmidt, der mich auch hier gern verfolgt, klatscht bei solchen Geständnissen vor Vergnügen in die Hände. Ein bis zwei Flaschen Schnaps und ein Röllchen Tabletten garantierten ihm in den letzten Jahren jene notwendige „produktive Stimmung" für seine Arbeit. „Das Leben ist kurz. Wer sich betrinken will, hat keine Zeit zu verlieren!", hat er das göttliche Elend wenigstens sprachlich zu bannen versucht.)

Was mag der Genießer Goethe, der sich morgens ein großes Wasserglas Wein sowie mittags und abends jeweils mindestens eine Flasche desselben zugesteht, zur Einrichtung des Mäßigkeitsvereins gesagt haben, der sechs Wochen vor seinem Tod in Weimar gegründet wird? Ob er eine Sekunde mit dem Gedanken des Beitritts gespielt hat?

Halten wir es zu Ehren Goethes mit dem späteren Schriftsteller-, Politiker- und vor allem Wein-Kollegen Theodor Heuss, wenn er versichert: „Der gediegene Alkoholiker weiß Ruhm und Wert der Marke wohl zu schätzen" und ergänzen, ein wenig faustisch korrigiert: „Ein edler Trinker in seinem dunklen Drange ist sich des rechten Weges wohl bewusst." So wird es am Frankfurter Hirschgraben (bei riesigem elterlichem Weinkeller), im Gartenhaus an der Ilm (mit den üblichen Beschaffungssorgen des Junggesellen) und am Frauenplan (bei Christianes zuverlässiger Haushaltspolitik) gewesen sein.

Zwölf lange Jahre, bis zur Verheiratung mit einer Tochter des Kanzlers von Koppenfels, 1803, lebt Meyer in der Wohngemeinschaft des Goethehauses. Beruflich kümmert er sich um die Zeichenschule, um die künstlerische Ausgestaltung von Schloss und Römischem Haus, die Museumsbetreuung und um seine „Geschichte der bildenden Kunst bei den Griechen". Seine Frau und er lassen ihr nicht unerhebliches Vermögen nach dem Tod zugunsten eines erstaunlich modern anmutenden „mobilen ärztlichen Pflegedienstes" für Kranke, Notleidende und alte Menschen arbeiten. Die Stadt hat es nicht vergessen, wie die Grabtafel beweist.

Einmal fand ich eine leere Schnapsflasche, die ausgerechnet auf Meyers Grab gelandet war. „Verehrter Penner!", fluchte ich vor mich hin, während ich den Schandfleck gegen meine Rose austauschte, „werfen Sie ihre Schnapsflasche woanders hin, Meyer trinkt nämlich keinen mit!"

Vater- und Sohnlebensläufe, wenn sie denn gemeinsam gelingen (was selten der Fall ist, weil die Väter die Schwachstelle sind!), gehören zum Schönsten, was das Leben zu bieten hat. Bei dem Schauspieler **Anton Genast** und seinem Sohn **Eduard** hat es geklappt, sogar bis ins dritte Glied zu Sohn und Enkel Wilhelm. Als junger Schauspieler hatte Anton Genast in Prag nach einer Gesellschaft am Abend vor der Hauptprobe des „Don Juan" mit einem Kollegen den stark angeheiterten Mozart in dessen Wohnung gebracht. Noch war die Ouvertüre für die Hauptprobe am nächsten Tag nicht geschrieben, und Mozart legte sich in vollem Anzug aufs Bett, um sofort in tiefen Schlaf zu fallen. Genast und sein Begleiter, selbst nicht mehr nüchtern, schlummern auf Mozarts Federsofa ein. Als sie frühmorgens erwachen, finden sie den Meister zu ihrem Erstaunen bei der Arbeit. Sie lauschen und wagen kein Wort zu sprechen. Gegen 9.00 Uhr springt er auf und sagt: „Na! Da steht's ja!" Er drückt den beiden die Partitur in die Hand und schickt sie zu den Kopisten, die die unsterbliche Musik, teilweise noch feucht auf dem Papier, vervielfältigen müssen.

Der alte Genast trat 1817 demonstrativ von der Bühne ab, als Carl Augusts Zweitfrau Caroline Jagemann den Theaterchef Goethe erfolgreich rausgeekelt hatte, und zwang seinen Sohn Eduard vorsichtshalber in eine Konditorlehre. Später zog es Eduard dann doch auf Europas Bühnen, von denen er als gefeierter Star nach Hause zurückkehrte. In seinen „Erinnerungen eines alten Schauspielers" hält er die herrliche Zeit fest. Wunderbar darin der Kampf mit Richard Wagner um die Kürzung des von Genast und Liszt in Weimar zum ersten Mal auf die Bühne gebrachten „Lohengrin". Wagners sensible Bettelei um Verschonung von dringend notwendigen Einschnitten („Ich frage Sie, mit welchem Gefühle, mit welcher im voraus geknickten Begeisterung soll ich mich nächstens wieder an die Komposition eines musikalischen Dramas machen, wenn ich ... mich der Stellen aus ‚Lohengrin' entsinnen muß, die meine besten Freunde für auslassungsmöglich gehalten haben?"); seine künstlerische Resignation („... daß ich einen Irrtum vollständig von mir abgestreift habe, den Irrtum, meinen Opern eine sogenannte Verbreitung schaffen zu können."), man gewinnt den Meister, den zu mögen nicht so einfach ist, regelrecht lieb.

Wenn es so etwas wie eine Zuverlässigkeit durch die Generationen gibt, dann war sie bei Familie Genast gegeben. Enkel Wilhelm kämpft Jahrzehnte später als Jurist für die Abschaffung der Todesstrafe. Offensichtlich ein Fall von Generationenschneid!

„Ich aber blieb und ging zu den Gräbern meiner Eltern …", schreibt Sohn Eduard in seinen Erinnerungen anlässlich einer Beerdigung hier auf dem Friedhof. Längst hat der unsichtbare Besen ihn selbst auf jenes Fleckchen Erde gekehrt.

„Genast war heute wieder sehr groß in der Scene des Wahnsinnes", notiert Eckermann am 4. April 1831 ins Tagebuch. Das hier ist ja nun Wahnsinn genug, sage ich, während ich meine Blume auf die Tafelumrandung an der Mauer lege.

Mit **Johanna Eckermann** auf der gegenüberliegenden Seite verfuhr die DDR ähnlich wie Goethe: gleichgültige Ignoranz! Der Weimar-Stadtführer aus dem VEB Tourist-Verlag von 1979 kennt weder Grab noch Namen. Uninteressante Dienstbotenschicksale – auch für den Arbeiter- und Bauernstaat. Dabei gibt es eine heimliche Gemeinde derjenigen, denen Johanna Eckermanns Grab immer ein ganz besonderes Ziel auf dem Historischen Friedhof war und ist.

Zwölf lange Verlobungsjahre (in denen der labile Goethejünger, der längst weiß, dass der Alte am Frauenplan sein Glück garantiert und nicht sie, die Braut hinhält), drei Jahre im von Goethe nicht wahrgenommenen Ehestand an der Seite eines nervösen Vogelfängers, einen Monat nach der Entbindung „nach zu kurzem Glück", wie die Grabtafel klagt, an dieser Stelle für die nächsten Jahrhunderte zur Ruhe gebettet: das Schicksal einer Frau, die die deutsche Klassik wesentlich mitfinanzierte – und sich ihrer unfreiwilligen Sponsorenrolle bewusst war!

Die hilflosen Schwindelbriefe ihres Johann Peter hatte sie bald durchschaut, und manchmal spricht Zynismus aus ihren Antworten, ihren Fragen, die sie an den Verlobten richtet. Sein Hinhalten, seine „Strategie" gegenüber der Ahnenden, schließlich Wissenden – man leidet mit beiden Seiten, verfolgt man ihren Briefwechsel. Sie, zuletzt überwiegend verbittert, verletzend: „Hast Du mit Goethe noch nicht über Deine Verheiratung gesprochen? Wagst Du das nicht zu tun?"; er, hilflos, Verständnis flehend, fast einklagend zwischen den Zeilen: Er kann doch nicht ohne mich, und ich nicht ohne ihn; ihn brauche ich noch mehr als dich!

Immer reizt es mich, für ein paar Minuten an diesem Ort die Wirklichkeit zu revidieren. Vielleicht ist es unstatthaft, vielleicht auch nicht. Darf sie nicht auch einmal für einen Augenblick Dame im klassischen Weimar sein? Bewundert und verehrt, vor allem am Frauenplan, der ihr wie allen bedeutenden Frauen seine Aufmerksamkeit zukommen lässt? Albert Vigoleis Thelen, Lieblingsautor des Bundeskanzlers Konrad Adenauer, hat ihr in seinem Bändchen „Goethes Gespräche mit Frau Eckermann" die Rolle gegönnt. Am 24. Mai 1824 zum Beispiel notiert die junge Braut nach einem ihrer Besuche am Frauenplan:

„Bei Goethen zu Tisch, wo jeder sich seiner freien Natur überließ, ohne indessen die Gesittung zu gefährden, und die Bratkartoffel wie von selbst das Gespräch auf die Urphänomene lenkte." Nachdem die Tafel aufgehoben ist, die Gäste sich bis auf Johanna zurückgezogen haben, „ließ er mir seine liebe Hand, die ich heiß zu küssen mich vermaß", schreibt sie und fährt geheimnisvoll fort: „Sanft zog er mich in das Zimmer der Juno Ludovisi, wo wir noch lange der Vertraulichkeit pflegten ..."

Warum ist es mir unangenehm, wenn ich das Bild beschwöre? Hat Thelen es, auf seine Art, zu gut gemeint mit der verletzten Braut im hannoverschen Empelde? Stößt er sie mit seiner Finesse noch tiefer ins literaturgeschichtliche Elend?

Karl haben sie den Sohn genannt, der die Mutter das Leben kostet. Was wird ihm der von Jahr zu Jahr mehr vereinsamende Vater aus jener unruhigen Zeit berichtet haben, wenn sie hier standen? Hannchen wäre so stolz auf den Jungen gewesen.

Hat der letzte Arzt wirklich immer recht? Zum Glück ist Goethes früherem Hausarzt Huschke nicht zu Ohren gekommen, dass der Achtzigjährige konstatiert, dass alle seine früheren Krankheiten aus der schlechten Behandlung der Ärzte herrührten. Zu diesen gehört auch Familie Huschke. Dabei hat der hier ruhende **Wilhelm Ernst Huschke** mit seiner Arnika-Mixtur dem Vierundsiebzigjährigen 1823 vielleicht das Leben gerettet.

Erfolgreich oder nicht, gut verdient hat die „klassische Ärzteschaft" auch damals schon. Gehört

Goethe 1820 mit 3100 Talern Jahreseinkommen zu den elf am besten bezahlten Staatsdienern im Großherzogtum, folgt ihm Huschke in derselben Gruppe mit immerhin 2900 Talern, lediglich um 100 Taler überboten von den beiden Staatsministern von Gersdorff und von Fritsch.

Dennoch, das Medizinerleben ist in jener Zeit kein Zuckerschlecken. Dieses elende Nichtwissen, Herumdoktern, zur Ader lassen. (Was werden die Enkel in hundert Jahren über unser Nichtwissen denken? Werden sie schmunzeln oder entsetzt den Kopf schütteln?) Noch in der Mitte des 19. Jahrhunderts muss der Königsberger Arzt Johann Jacoby vor einer Meute in einen Hausflur flüchten. „Am Hundegatt rottet sich das Volk zusammen und ... schreit, wir Ärzte hätten die Brunnen vergiftet", berichtet er atemlos seiner Retterin.

Obwohl zehn Jahre jünger als Goethe, stirbt Huschke vier Jahre vor dem Dichter. Wer garantiert dem Arzt ein langes Leben? („Ja meinen Sie denn, der Chefarzt stirbt nicht albern?", pflegte eine alte Nachbarin, auf fünf Jahrzehnte als Diakonisse in der Krankenpflege zurückblickend, die Umgebung gelegentlich zu erschüttern, ohne je das Orakel zu deuten.)

Den epochalen Ruhm stahl ihm der Weimarer Kollege Hufeland, der erste medizinische Erfolgsautor und spätere Leibarzt der preußischen Königsfamilie. Da konnte Huschke nicht mithalten. Solche Kollegenkarrieren gehen ja nie spurlos an einem vorbei. Auch damit muss man ins Grab. Aber Huschke ist dennoch einer der ganz Großen auf diesem Friedhof. Jedesmal, wenn ich hier stehe, neige ich einige Sekunden demütig das Haupt. Aus gutem Grunde.

Als Johannes Daniel Falk (wir besuchen ihn gleich) mit seinem Kinderheim wieder einmal einen Bürgen braucht und alle in Frage kommenden Kreditgeber, unter ihnen der Schwager, der Großherzog, endgültig ausfallen, übernimmt Huschke für die benötigten 2000 Taler schließlich doch noch die Bürgschaft. Solche Leute halten zuweilen die ganze Weltgeschichte zusammen.

Mir ist Huschke zudem in einer wenig bekannten Rolle lieb. Er ist der einzige, der die von Zeitgenossen und somit fast allen späteren Biographen kolportierte angebliche Herzlosigkeit des Ehemannes Goethe beim Tode seiner Frau mit einem ganz anderen Bild in Frage stellt. Weinend sei er vor ihrem Bett in die Knie gesunken und habe gefleht: „Du sollst, du kannst mich nicht verlassen!", berichtet der Arzt. Huschke, der zu jener Zeit ständig im Haus verkehrte, wird es wissen. Auch dafür eine Rose.

„Anmutig im höchsten Grade", vermerkt der (zu der Zeit gänzlich chancenlose) Liebhaber **Friedrich Wilhelm Riemer** nach einem Leseabend mit der jungen **Caroline Ulrich**. Dass es ihm doch vergönnt sein würde, für über dreißig Jahre mit der bezaubernden Uli (Goethes Kosename für Caroline Ulrich, Riemers spätere Frau) zunächst das Ehe- und dann für immer das Totenbett zu teilen, konnte der sechzehn Jahre ältere Liebhaber nicht im Traum erhoffen. (Dass solche „Sieg-Ehen" dann bezahlt werden müssen, kann man sich denken. Jedenfalls klagt der glückliche Ehegewinner Prof. Riemer später sogar gegenüber gänzlich Fremden über seine Frau.)

Mit unberechenbarer Schönheit und einem „Tropfen altweimarischen Lebensleichtsinns" gesegnet, regierte die feinfühlige Waise als Gesellschafterin Christianes bis zu ihrer mehr oder weniger notwendigen Verheiratung die Männerwelt am Frauenplan. Auch der sechzigjährige Hausherr ist ihr auf seine Weise verfallen. „Und küß ich Stirne, Bogen, Augen, Mund, / dann bin ich frisch und immer wieder wund", gesteht er im „Buch der Liebe" des „Divan" und versichert: „Und darf ich dann in solchen reichen Haaren / Mit vollen Händen hin und wieder fahren / Da fühl ich mich von Herzensgrund gesund."

Den Briefen des oft monatelang Abwesenden an Ehefrau Christiane spürt man die Zweitbotschaft an Uli noch heute an. Und sie ist es, die Christianes grobes Briefdiktat an den Gatten so zu veredeln weiß, dass der Empfänger in Jena oder im fernen Karlsbad die wohlgeformten Zeilen mit Entzücken liest. Christiane, zunehmendem Frauenalter mit Launenhaftigkeit und sich erstaunlich entwickelnder Körperlichkeit immer mehr ausgeliefert und somit auf der Bühne weiblicher Konkurrenzfähigkeit allmählich in hintere Ränge verwiesen, macht, so gut es geht, eine überlegene Miene zu dem offenkundigen Spiel. Sie braucht die junge Tanzbodenkönigin für ihre eigene Rolle auf den Bällen und Redouten, die beide pausenlos besuchen. Aber es geht natürlich nicht immer, und Uli notiert dann in ihr Tagebuch, „daß es nicht mehr auszuhalten, die Goethe fange nun wieder an, eifersüchtig zu werden".

Man muss sich die glücklich-unglücklichen Konstellationen in Altersangaben deutlich machen. 1814, im Jahr des Höhepunkts der „Wahlverwandtschaften" (Goethe gibt die vierundzwanzigjährige Uli gegenüber Fremden gern als Nichte aus!), ist Christiane doppelt so alt wie Uli; der Privatsekretär und tägliche Hausgenosse Riemer mit seinen vierzig Jahren genau sechzehn Jahre älter, schließlich der Hausherr, um den sich alles und alle drehen, im fünfundsechzigsten Lebensjahr ganze vier Jahrzehnte älter als die junge Frau und damit längst im Alter jener sublimen Lüsternheit der Sechzig-, Siebzigjährigen, die sich von der gaffenden Erotik der Dreißig-, Vierzigjährigen ebenso elementar wie intelligent unterscheidet.

Ergänzt werden jene Wahlverwandtschaften im Hause Goethe durch Gelehrte, Offiziere, Diplomaten, zumeist aus bestem Hause, die sich vergeblich um Ulis Gunst bemühen. Hat sie Angst, das Haus am Frauenplan verlassen zu müssen? Ihre Freundin, die Malerin Louise Seidler, hält fest: „Mademoiselle Ulrich macht täglich neue Unglückliche."

Als Weimars junge Männer sich scharenweise zu den freiwilligen Jägern gegen Napoleon melden, übernimmt sie mit Vergnügen und nicht weniger Sachverstand die Sekretärsdienste für den Hausherrn. Es werden wundersame Arbeitsstunden im schlichten Hinterzimmer gewesen sein. Und klingt nicht gar ein kleiner Verrat von jenem Glück aus den Zeilen, die der sonst Personal nur schlecht entbehrende Hausherr an den Jenaer Professor Seebeck richtet, wenn er schreibt, „daß Uli allein übrig geblieben sei, ihm mit der Feder beizustehen, da seine ganze Kanzlei das Schwert ergriffen habe"? Das hübsche „Haupt so rund, voll Locken kraus" dürfte den marschierenden Sekretär in mancher Hinsicht ersetzt haben (während Christiane sich um die Mahlzeiten kümmert). Teile von „Dichtung und Wahrheit" entstehen in dieser Zeit unter Ulis Feder, und gemeinsam wird das Konzept der „Italienischen Reise" entworfen. Sprachpsychologen (wenn es sie gibt) sollten die Werkproduktion dieser Wochen unter die Lupe nehmen. Vermutlich würden sie dem sprühenden Genius, der gern versicherte, er könne nichts Gescheites zustande bringen, weil er gerade nicht verliebt sei, an allen Ecken und Kanten auf die Schliche kommen.

Als im Sommer und Herbst 1814 ein Verbleiben im Hause auf Dauer vor allem wegen der Hausherrin nicht mehr möglich ist, trifft Uli eine engere Wahl unter den Bewerbern. Eine schwere Krankheit Christianes, deren Tod man fürchtet, wirft noch einmal alles durcheinander. Riemer, der grenzenlos leidend Verliebte, „mahnte ... das Mädchen an die Pflicht, bei Christianes etwaigem Ableben Goethe nicht zu verlassen, der Uli, ohne sich um die Ansicht der Welt zu kümmern, zu seiner Frau machen würde". Christiane wird gesund, und Uli entscheidet sich „ruckartig" für den knorrigen Gymnasialprofessor Riemer. Christiane von Goethe richtet den beiden bisherigen Hausgenossen die Hochzeit aus. Es wird ihr auf ein paar Taler nicht angekommen sein. Die abgewiesenen Verehrer, unter ihnen der spätere preußische Außenminister Hans von Bülow, ergehen sich für den Rest ihres Lebens in den in solchen Fällen notwendigen Heldentaten.

In den ersten Tagen nach Christianes Tod im Juni 1816 (Uli ist in den furchtbaren letzten Stunden an ihrem Bett gewesen!) verbringt Caroline Riemer die Abende bei dem einsamen Hausherrn. Nie versäumt dieser in den kommenden Jahren, nach einem Fest im Schloss auf dem Weg nach Hause der Frau Professor ein paar Süßigkeiten von der fürstlichen Tafel hereinzureichen. Ihren kleinen Bruno, nach gut zwei Ehejahren geboren, schließt er ins Herz. Dem Freund und Sekretär Riemer vertraut er gemeinsam mit Eckermann die Herausgabe seines Nachlasses an. In seinen umfangreichen „Mittheilungen über Goethe" schafft Riemer neben Eckermanns „Gesprächen" den Grundstein für das Goethebild, dem alle späteren Jahrhunderte verpflichtet sind. Es ist ihm sauer genug geworden. Er war der Wissende. Keiner hatte mehr Kenntnis vom Auf und Ab der menschlichen und literarischen Entwicklung am Frauenplan. Und dann kommen ihm Falks Erinnerungen „Goethe aus näherm persönlichen Umgange dargestellt" schon im Todesjahr des Meisters in die Quere. (Riemer erklärt ihn in seinen „Mittheilungen über Goethe" dafür später zur Witzfigur, aber die kleine Rache hebt den Gram nicht auf.) Eckermann gelingt mit seinen „Gesprächen" der große Wurf, der Generationen verzaubert, und als Riemer 1841, neun Jahre nach Goethes Tod, endlich seine fundierten „Mittheilungen ..." vorlegen kann, strahlen sie für die Zeitgenossen (und erst recht für spätere Leser) den steifen Charme des Philologen aus, auf den die Welt nicht gewartet hat und nie zu warten pflegt. So bleibt er biographischer Bausteinlieferant, obwohl er aus dem größten Reichtum schöpft.

Rosensträuße sollten auf dieses Grab gelegt werden! Ich habe für die Frau Professor Riemer (eigentlich natürlich für Uli!) eine Rose vom Schloss mitgebracht.

„Die Mutter kommt bei allen großen Männern in Betracht!", notierte Riemer, nicht ohne Seitenblick auf Christiane und ihren Sohn August. Ein großer Mann war er durchaus, der gefeiertste Theaterautor seiner Zeit: August von Kotzebue. Selbst der Theaterdirektor Goethe musste ihn, der Kasse wegen, immer wieder spielen und gestand ihm mit zusammengebissenen Zähnen Talent zu. „Er schlug mit seinen rein bühnenmäßig oft glänzenden Stücken die gesamte Klassik, Lessing dabei eingeschlossen", bescheinigt ihm Ludwig Bäte und rechnet nach: „Ohne ihn und Iffland wäre das Weimarer Theater bald bankrott gewesen."

In Weimar sammelte sich, den Groll des Alten am Frauenplan genießend, die Anti-Goethe-Clique um den Erfolgreichen. „Man muß vor ihren Augen gelassen auf- und abgehen", hatte sich der im Umgang mit Widersachern eigentlich zur Regel gemacht. Wenn das so einfach wäre! Und er konnte es, wie wir alle, natürlich auch nicht.

Als Kotzebue im Frühjahr 1802 scheinheilig zu Ehren Schillers in Weimar eine Huldigungsfeier plant, um Goethe ungestraft kränken zu können und es dabei zur Machtprobe zwischen Goethe und Kotzebue kommt (die Goethe natürlich gewinnt, er hat schließlich die Behörden im Griff), schreibt die hier ruhende Mutter des Dichters, **Christine von Kotzebue**, einen erbitterten Brief an den Mächtigen am Frauenplan. Der antwortet, was selten bei ihm vorkommt, unwirsch und beschimpft ihr Schreiben als „unerlaubte Zudringlichkeit".

Die Dreiundachtzigjährige muss im März 1819 erleben, dass ihr August in Mannheim von einem verwirrten Studenten ermordet wird. Noch ein Jahrzehnt beweint die Witwe, die bereits als junge Frau den Ehemann verloren hat, auch den Sohn. Und seit 1828 ruht sie selbst, für alle Zeiten im Schatten der „Goethe-Parthey", auf diesem Friedhof. Zur Entschädigung für die freche Goethe-Antwort erzähle ich ihr die köstliche Anekdote, die Riemer hinterlassen hat. Sie kennt sie sicher noch gar nicht.

Auf der Reise nach Franzensbad übernachten Goethe und der Professor in einem kleinen böhmischen Ort. Als sie erfahren, dass in einer Scheune ein Theaterstück aufgeführt wird, entschließen sie sich belustigt zum Besuch der Vorstellung. Aber das Lachen vergeht ihnen. Was wird geboten? Natürlich ein Stück von Kotzebue. Der überraschte Goethe ringt die Hände und zitiert mit Blick auf den allgegenwärtigen Konkurrenten den Bibelvers: „Und hätt' ich Flügel der Morgenröte und flög' an die äußersten Enden der Erde, so würde seine Hand mich doch treffen."

Auch Ihrem August gilt meine Rose, sage ich der stolzen Mutter.

Hat sich der unermüdliche Forscher und Macher **Karl-Heinz Hahn** am Ende des Weges, wo der Friedhof in den neuen Teil übergeht, bewusst in die Ecke zwischen Historie und Übergang verkrochen, hoffend, dass, wie die Geschichtswissenschaft uns lindernd lehren möchte, jede Epoche unmittelbar zu Gott ist und somit letztgültige Einschätzung und Abrechnung der nächsten Generationen überflüssig, wenn nicht gar Unsinn?

Wo und wie verbringt einer Kindheit, Jugend und erste Mannesjahre, dem 1921 die Fahrkarte für die Lebensreise durch die deutsche Geschichte in die Hand gedrückt wird? An welchen Umsteigebahnhöfen ist abzuspringen, umzukehren, eine neue Richtung einzuschlagen? Welcher Verlass ist auf Fahrplan und Zugführer? Was von dem wachsenden Gepäck lässt man in den Zügen zurück, welches schleppt man von Station zu Station mit?

Natürlich wartet 1933 die Hitlerjugend, wartet bald darauf die Wehrmacht und nach 1945 eine neue Welt, die dem Schwerkriegsverletzten Heimat und Perspektive öffnet. Andere sehen keine Heimat und Perspektive und packen ihre Koffer. Er bleibt. Man hat immer gute Gründe zu bleiben. Darüber steht niemandem ein Urteil zu. „Er war Thüringer, im geschichtsträchtigen Erfurt geboren. Sein Vater, ein Schneider, SPD-Mann, schickte den Zehnjährigen 1931 auf die Humboldtschule, Erfurts vorzügliche Oberrealschule ...", schreibt Helmut Brandt im Goethe-Jahrbuch 1991. Ist das ein Lebensanker, der eine andere Karriere, zum Beispiel die im Westen, ausschließt?

Mit zunehmender öffentlicher Repräsentanz in Amt und Würden drücken die Ansprüche von Partei und Gesellschaft immer mehr. Die Herrschaft der Kleinkarierten und „Es ist verboten, die Handtasche über die Nachbarstuhllehne zu hängen"-Marxismustheoretiker macht vor der gesamtdeutschen Goethe-Gesellschaft mit ihrem internationalen Gesicht nicht halt.

Aber wie weit macht man mit? Man klammert sich an die Wissenschaft, an Goethe, der steht über allem und allen und garantiert Lebenswürde und Sinn. Doch auch wer ihm dient, muss Zugeständnisse machen. Das ist 1880 so, als Hahns Vorgänger Ludwig Geiger das erste Jahrbuch der Gesellschaft mit „ehrerbietigstem Dank" an Ihre „Königliche Hoheit der Frau Grossherzogin Sophie von Sachsen" (die mit herrschaftlichem Federstrich Carl Augusts Liebeseskapaden und deren peinliche Folgen aus Goethes Briefwechsel herausstreicht!) eröffnet, das ist fünfzig Jahre später, 1935, nicht anders, und wieder fünfzig Jahre weiter, 1985, warten ebenfalls vermeintliche Anspruchsberechtigte auf „ehrerbietigsten Dank". Wie sollte ein nationales Aushängeschild wie die Goethe-Gesellschaft von Obrigkeiten aller Art nicht gehätschelt und gewürgt werden? Und wie werden ihre Repräsentanten damit fertig? Wie werden sie 2035 und 2085 damit fertig werden?

Mit einem Koffer sollen die West-Beiträge vom Konto der Goethe-Gesellschaft in den DM-gierigen Osten getragen worden sein. Natürlich gehörten sie auch dort hin – wenn auch weniger unter Nutzung der üblichen parteiinternen Absahnungsstrategie des Währungsvorteils. Meine vom schmalen studentischen Budget zu Beginn der 1970er Jahre für Goethe abgezwackten 12 DM und 50 Pfennig West-Beitrag werden auch dabei gewesen sein. Mehr als ein ungewollter Akt zur Stärkung der Arbeiterklasse scheint mir der harmlose Betrag heute als mein winziger persönlicher Beitrag zur deutschen Einheit, lange bevor die Wiedervereinigung ihre Milliarden über die künstliche Grenze in das alte sächsisch-thüringische Herz Deutschlands trug.

Im Februar 1990, als Karl-Heinz Hahn dieses Haus auf dem Historischen Friedhof bezieht, hat die Auseinandersetzung mit der jüngeren Geschichte der Goethe-Gesellschaft und die Diskussion um ihre Zukunft wieder einmal einen Höhepunkt erreicht. Niemand hat damit gerechnet. Soeben ist Hahns Aufarbeitung der Goethe-Gesellschaft als Heft 34 der „Weimarer Schriften" mit dem Untertitel „Geschichte und Gegenwart" erschienen, aber sie ist beim Erscheinen bereits Makulatur. Sorgfältig hat er das über 100-jährige Auf und Ab der Gesellschaft anhand ihrer Repräsentanten und deren politischer Fahnenstange aufgearbeitet, um dann den „Neubeginn 1945" von der offiziellen Klassenkampfleier begleitet in überspannten Tonlagen zu besingen.

Hahn stirbt mit seiner Epoche, aber sie steigt noch nicht mit ins Grab. Dennoch gilt auch für ihn wie für manchen hier bestatteten politischen Goethejünger vor ihm, den Zeitgeist und mangelnde Epochendistanz, gar der Besitz alleinseligmachender Weltsicht auf gefährliche Wissenschaftsgeleise lockten, „daß alles aufhört, politisch zu sein und bloß menschlich wird ..."

Ist nicht auch Wissenschaft, ähnlich dem Hochverrat, letzten Endes ebenfalls eine Frage des Datums? Mindestens dreihundert Jahre Distanz des denkenden Individuums zwischen dem, was die eigene Epoche für wichtig und unumstößlich hält und dem, was tatsächlich wichtig ist, empfiehlt Nietzsche. Wer aber schützt diejenigen, die den Tag gestalten müssen?

So bitte ich den Herausgeber der Heine-Säkularausgabe, den Kenner und Verehrer Klopstocks, Goethes, Schillers, Brentanos und der von Arnims sowie Ricarda Huchs, den anderthalb Jahrzehnte für das Goethe-Jahrbuch zuständigen Präsidenten der Goethe-Gesellschaft Karl-Heinz Hahn um die Ehre, eine Rose auf sein Grab legen zu dürfen.

Zwei Besuche, auf die nicht verzichtet werden kann, führen von hier aus auf den neuen Teil des Friedhofs. Dem Hauptweg in Richtung Kapelle folgend, zweige ich bei den grüßenden Maurermeistern Vater und Sohn Bischoff mit ihrer in steinerner Lebensgröße verkündeten Philosophie vom köstlichen Leben durch Mühe und Arbeit (Arno Schmidt beschäftigte in seinen letzten Lebenstagen die Frage, ob Fleiß überhaupt eine Tugend ist oder ob da etwas nicht stimmt!) links ab, um nach etwa 50 Metern bei der großen Kiefer linker Hand **Bernhard Suphan**, dem Aufbaudirektor des Goethe- und Schiller-Archivs und Herausgeber der Historisch-kritischen Herder-Ausgabe, meine Rose zu bringen.

Suphan, Literaturwissenschaftler durch und durch, angezogen und gedemütigt vom Goetheregiment der

Großherzogin Sophie, hatte einer erstaunten Festversammlung bei der feierlichen Übergabe des Goethe- und Schiller-Archivs am 28. Juni 1896 von einem „Lebendopfer" gesprochen, das der großen Aufgabe zu bringen er bereit sei. 1910 reichte er aufgrund angeschlagener Gesundheit, familiärer Sorgen und unsäglicher Mühen an Archiv, Goethe- und Herderausgabe sein Abschiedsgesuch ein. „In der Nacht vom 8. auf den 9. Februar 1911 türmte er einige Bände seiner Herder-Ausgabe zu einem Stapel auf, um sie zu ersteigen und, sie mit den Füßen wegstoßend, seinem Dasein selbst ein Ende zu setzen", schreibt Jutta Hecker, Tochter des Suphan-Kollegen Max Hecker.

Dem Toten legte man die letzten Bände seiner über dreieinhalb Jahrzehnte währenden Herder-Fron mit in den Sarg. Die Flamme der Einäscherung verzehrte sie ebenso gleichgültig wie die stürmische Ostsee die Bibliothek seines Meisters Herder auf dem Weg nach Riga, wohin finanzielle Not der Familie sie nach seinem Tode verkauft hatte.

Mein eigentlicher Besuch bei Suphan jedoch gilt einer seiner Gaben, die mir Herz und Sinn schlagartig erfreuen kann, wenn ich mich ihr nur nähere am Bücherschrank, nämlich dem 15. Band der Schriften der Goethe-Gesellschaft, im Jahr 1900 von Bernhard Suphan herausgegeben: Goethes Reinschrift der Marienbader Elegie mit einem Brief von Ulrike von Levetzow und ihrem Jugendbildnis. „Mir ist das All, ich bin mir selbst verloren, der ich noch erst den Göttern Liebling war!", klagt Goethe darin zum Schluss seines ergreifenden Gedichts. War es auch Suphans (und ist es letztlich unser aller) Tragik, dass

wir im Alter unseren Lieblingsstatus bei den himmlischen Mächten zu verlieren meinen?

Kaum jemand besucht sein Grab, und Weimar-
Führer haben ihn oft vergessen, obwohl sie das meiste, was sie berichten, ihm verdanken. Wenige
Schritte von Suphan entfernt, auf der gegenüberliegenden Seite des Weges, ruht unter nur noch
schlecht zu entzifferndem Stein **Wilhelm Bode**,
Urbiograph und Erzvater aller Weimar- und Goethe-
literatur. Der Bauernsohn, am 30. März 1862 geboren, stellt sich nach dem Besuch der Höheren Schule
in Halberstadt und dem Studium in Freiburg, Berlin
und Straßburg, später auch in London, der sozialen
Frage. Nach Deutschland zurückgekehrt, widmet
sich der Germanist und Romanist in Dresden der
Volkswirtschaftslehre. Dann wird der heilige Schreiber von Jasnaja Poljana, Graf Tolstoi, für einige Jahre
zu seinem Lebensinhalt. Dessen Christentum imponiert ihm zutiefst. Schließlich aber findet er zu
Goethe und damit zu seiner Bestimmung.
Die Arbeit am Leben und Werk Goethes wird ihm
Elixier, und im Jahr 1900, pünktlich zu Beginn des
ersten Nachgoethejahrhunderts, kann der junge
Redakteur und Lehrer mit „Goethes Lebenskunst" eine beglückende Mischung aus exakter Wissenschaft,
biographischem Detail und erstaunlich zeitloser
Diktion in die Bücherlandschaft werfen. Der Verleger
Gustav Kiepenheuer animiert ihn zu dem Bildband
„Damals in Weimar", dessen Neuauflagen die Schau-
fenster der Weimarer Buchhandlungen bis heute prä-
sentieren. Dem gelungenen Auftakt folgen in den

nächsten beiden Jahrzehnten, sorgfältig recherchiert und mit offenbar nie verzehrter Neigung und ohne jede Sentimentalität, Klassiker wie „Charlotte von Stein" oder „Goethes Leben im Garten am Stern". Seine Sammlung „Goethe in vertraulichen Briefen seiner Zeitgenossen" allein hätte seinen Namen unsterblich gemacht. So ist Bodes Eigenbilanz, 1921 formuliert, keineswegs übertrieben: „Es scheint mir, daß ich mich jetzt mit dem Leben und der Umwelt Goethes mehr beschäftigt habe als irgendein Mensch zuvor", stellt er fest.

Seine mehrbändige Goethe-Biographie kann der 1922 mit sechzig Jahren bei einem Unfall Verstorbene nicht mehr fertigstellen. Von „kulturhistorischem Positivismus" geprägt sei sein Werk, bescheinigt ein lexikalischer Biograph. Als wenn es anders ginge! Was bleibt, stiften auch die Dichter-Dichter. Schlägt doch spätestens nach zwei Generationen „reine" Wissenschaft unweigerlich in Kitsch und Kuriosität um.

Für die schönsten Stunden in Weimar, ob an der Ilm oder fern von Gartenhaus und Frauenplan, meine Rose für Wilhelm Bode. Möge sein Grab immer einen Besucher finden. Um seine Bücher muss sich niemand sorgen. Weimar ist ohne ihn gar nicht mehr möglich.

Auf dem selben Weg zum Historischen Friedhof zurückgekehrt, wartet bald nach dem Eintritt rechter Hand die Malerin **Louise Seidler**. „Buon giorno, signorina Seidler!", begrüße ich sie gern. Eigentlich wollte sie an der Cestius-Pyramide in Rom schlafen, wo auch Goethes Sohn ruht. Am Tiber hatte sie ihre schönste Zeit verbracht. Goethe selbst entdeckte das Talent der kleinen Spielgefährtin seines August und sorgte für Ausbildung und Auskommen. In München, Rom, Neapel, Florenz und Paris war sie zu Hause gewesen, bevor die wenigen Quadratmeter Erde hier ihr Heimat wurden. Augusts Sohn Walther war bei ihr, als sie starb. Es war der 7. Oktober 1866, ein Sonntag, und er spielte ihr auf dem Piano vor. Ganz leise lege ich meine Rose auf das Grab, um das Spiel nicht zu stören. Der Dichter William Butler Yeats hat versprochen, dass wir nach unserem Tod alle Pfade, die wir gegangen sind im Leben, noch einmal rückwärts gehen werden. Das wird ein Fest für Louise Seidler!

Im Erbbegräbnis Herder-Stichling, ein wenig abseits, rechts des Hauptweges, fand die unruhige **Caroline Herder**, nach etwa fünfzig Jahren Schlaf auf dem Jakobskirchhof, in der Nähe von Kind und Kindeskindern noch einmal eine Ruhestätte. Wie sollte ich vorbeigehen können, ohne ihrer mit Hochachtung zu gedenken? „Ach wie ich Dich manchmal suche in Deinen kalten Zimmern", schreibt sie dem in ehelichem Zwist aufgebrochenen Ehemann nach Rom. Die Zwangsvorstellung sucht sie heim, ihn vielleicht nie wieder zu sehen, und auch ihm tut die unbeherrschte Abreise im Zorn in der Seele weh. Briefe müssen den Schmerz so gut es geht heilen.

Ich habe sie eigentlich immer gemocht, auch wenn Goethe und Wieland sie später für Herders Unglück hielten. Ein Blick in ihre forschen Brautbriefe genügt, um mich zu ihrem grenzenlosen Liebhaber zu machen. Man darf Frauen nicht danach beurteilen, wie sie als Ehesklavinnen in einer Zeit, die die Rolle der Frau eindeutig definiert hat, um ein bisschen Würde kämpfen müssen. Man muss sie nach ihren Brautjahren beurteilen. Und so schmücke ich ihr kaltes Zimmer mit meiner Rose und versichere sie all meiner Zuneigung.

Die Ruhe ist nicht echt. Der Komponist und Leiter der Weimarer Staatskapelle war zeit seines Lebens ein Fachmann auch der lauten Töne. Sein vermutlich lautester Auftritt ist mir gern im Gedächtnis. 1813, als Beethoven nach dem Sieg über Napoleon das englische Heer in seinem „Schlachtgemälde" gegen das französische aufmarschieren lässt und Wien damit entzückt, darf **Johann Nepomuk Hummel** mit Giacomo Meyerbeer an der großen Trommel den Kanonendonner hervorzuzaubern. Später wusste er selbst zu berauschen. „Den letzten unverfälschten Schüler Mozarts" nennt Grillparzer ihn. Und auch als solchen feiern sie ihn an der Ilm. (Tatsächlich hat Hummel als Schüler Mozarts noch in dessen Haushalt gelebt.)

Jahrelang hatte der in Weimar als geizig geltende Kapellmeister den bedürftigen Beethoven unterstützt, ohne dass es jemand wusste. Erst nach seinem Tode fand seine Frau die regelmäßigen Dankbriefe Beethovens in einem sorgfältig präparierten Versteck.

Was mich an Hummels Grab immer wieder beschäftigt, was ich ihn gern fragen würde: Ob Beethoven dem acht Jahre Jüngeren von der Geschichte seiner Begegnung mit Goethe im Juli 1812 berichtet hat? Wusste er mehr als wir, die wir den Quellen trauen müssen, die Bettina von Arnim, getrübt und gereinigt von der ihr überschüssig vorhandenen eigenen Euphorie, hat fließen lassen?

Ich kann sie immer wieder hören, die schmerzlich schöne Geschichte, und manchem Begleiter habe ich davon an diesem unscheinbaren trigonometrischen Punkt des Mozart-Beethoven-Hummel-Kosmos berichtet. Sie lässt niemanden kalt. Gäbe es eine historische Rubrik, in der die hundert interessantesten Begegnungen aller Zeiten kanonisiert werden könnten: man müsste sie aufnehmen.

Da ist die junge Bettina Brentano, Tochter von Goethes Jugendfreundin Maximiliane von La Roche, deren schwarze Augen noch heute aus dem „Werther" funkeln. Nachdem sie von der „Geschichte" ihrer früh verstorbenen Mutter mit dem jungen Vor-Werther-Autor Wind bekommen hat, verfällt sie gegenüber dem sechzigjährigen Goethe in einen privaten Liebeskult, der seinesgleichen sucht. „Goethes Briefwechsel mit einem Kinde", ein Buch, das „in der ungehemmtesten Freiheit sich aus sich selbst bildet", gibt 1835, drei Jahre nach Goethes Tod, die von Bettina gelieferten „Geheimnisse" des knisternden Verhältnisses zwischen dem Sechzigjährigen und dem jungen Mädchen preis.

In ihm findet sich auch Bettinas Begegnung mit ihrem „zweiten Gott", dem trotz gesellschaftlicher und körperlicher Ausnahmesituation Wien beeindruckenden Beethoven. Eine Zeitlang ist sie ihm ebenso verfallen wie dem Weimarer. Und sie macht auch noch den Fehler (ist es wirklich einer, oder ist es mehr?), dass sie dem Weimarer Gott, der ihrer uneingeschränkten Anbetung sicher ist und sie doch auch genießt (man lese seine Antwortbriefe an Bettina und höre den Franzosen Romain Rolland, der zu Recht vermutet, dass der Sechzigjährige keineswegs „dieser leidenschaftlichen Anbetung überdrüssig geworden sei! Er schlürfte sie ein, wie eine Katze die Zuckermilch."), von ihrer zweiten Liebe Kenntnis gibt. „Das ganze menschliche Treiben geht wie ein Uhrwerk an ihm auf und nieder, er allein erzeugt frei aus sich das Ungeahnte, Unerschaffene", schreibt sie ausgerechnet dem Mann über Beethoven, der diese Charakteristik höchstens für sich selber gelten ließe!

Das Verhältnis zwischen Goethe und Beethoven, die nur ein paar Tage lang zufällig miteinander Umgang pflegten, ist mühelos auf einen Nenner gebracht: Lebenslange, fast kindliche Verehrung des zwanzig Jahre jüngeren Komponisten für den großen Dichter, dessen Werke, vor allem die Lyrik, dem Musiker Freude und Herausforderung bleiben („Es läßt sich keiner so gut komponieren wie er", bekennt Beethoven); verständnislose Distanz gegenüber den künstlerischen und menschlichen „Abgründen" des „ungebärdigen Menschen" Beethoven, dem jedoch immerhin nach der Begegnung das Kompliment gilt (Goethe an seine Frau): „Zusammengefaßter, energischer, inniger habe ich noch keinen Künstler gesehen!"

Im Juli 1812 kommt es zur Zufallsbegegnung der beiden Bettina-Sonnen im böhmischen Teplitz. Dort kurt zur selben Zeit der europäische Hochadel, darunter das österreichische Kaiserpaar, die Kaiserin von Frankreich, der König von Sachsen, Carl August von Sachsen-Weimar und Eisenach und weitere Fürstlichkeiten. Aber wie ein Lauffeuer spricht sich die interessanteste Nachricht herum: Goethe ist hier, und Beethoven! Und der Weimarer sucht, trotz aller Abneigung und „Bettina-Eifersucht", den nicht nur wegen seiner Schwerhörigkeit sich zurückziehenden Komponisten auf und verbringt viele Stunden mit ihm. Für den „ungebärdigen Menschen", der niemanden mehr verehrt als Goethe, sind es himmlische Folterstunden. Bettina sorgte später dafür, wie seinerzeit Hummel und Meyerbeer, an der „Berichtstrommel" den nötigen „Schlachtendonner" zu erzeugen.

Von „drei Lektionen", die Beethoven in den wenigen Tagen Goethe habe erteilen müssen, spricht der bereits erwähnte Romain Rolland. Man kann auch von „drei Ohrfeigen" sprechen, die Beethoven seinem Halbgott nicht ersparte. Und die dritte dieser Ohrfeigen erschüttert bis heute die Goethe-Welt. Beethoven selbst hat die Geschichte übermittelt, und Bettina hat sie unter Verwendung seines Berichtes ausgiebig weitergegeben.

Auf einem gemeinsamen Spaziergang (Beethoven hält Goethe am Arm) kommt den beiden der ganze Hofstaat mit der österreichischen Kaiserin und den Fürstlichkeiten entgegen. Beethoven, in fast abstoßend kalter Einschätzung der Situation, bemerkt zu Goethe: „Bleibt nur in meinem Arm hängen, sie müssen uns Platz machen, wir nicht." Welch ein Anspruch, allein der Gedanke ruft ein Schaudern hervor!

Goethe ist anderer Meinung. Hastig löst er sich aus Beethovens Arm, um mit gezogenem Hut und tiefer Verbeugung den fürstlichen Herrschaften vom Straßenrand aus seine Aufmerksamkeit zu erweisen. Währenddessen schreitet der große Beethoven, klein von Gestalt und nachlässig gekleidet, mit untergeschlagenen Armen auf die allerhöchste Gesellschaft zu. Und das Wunder geschieht. Europas Potentaten weichen an beiden Seiten um ihn herum aus und erwidern höflich seinen verhaltenen Gruß. Nachdem die Hofgesellschaft sich weit genug entfernt hat, bleibt der heimliche Potentat stehen, um den ihm vom Straßenrand nacheilenden Goethe wieder an seinem Arm zu empfangen: „Auf Euch hab ich gewartet, weil ich Euch ehre und achte, wie Ihr es verdient, aber jenen habt Ihr zuviel Ehre angetan", belehrt er ihn.

Es ist nicht auszuhalten! Warum ist er nicht an Beethovens Arm geblieben? Europas vorübergehender, flüchtiger politischer Hochadel lässt bereitwillig Europas ewigem Hochadel der Kunst und des Geistes den Vortritt, und der bedeutendste Repräsentant dieser Aristokratie, Goethe, mächtiger und einflussreicher als Beethoven, unfähig und zu feige, die Einmaligkeit der Situation zu erkennen, flüchtet sich devot an den Straßenrand. Schade, schade, schade! Selbst wenn die Szene, Beethovens und Bettinas Ausschmückungen abgerechnet, nur einen winzigen historischen Kern enthält, bleibt sie groß und erhaben. Für Beethoven.

Ich bin sicher, dass Hummel die Details kannte. 1819 kam das ehemalige Wunderkind, der Nachfolger Haydns und Freund Beethovens, als einundvierzigjähriger Kapellmeister nach Weimar, und Goethe, der ihn überaus schätzte, wird geahnt haben, was Hummel von Beethoven über die Teplitzer Tage wusste. Wir leben ja alle mit solchem Wissen um das Wissen der anderen um uns.

Wir wollen Hummel nicht verlassen, ohne wenigstens einer seiner großen Schöpfungen zu gedenken: seiner Bella capricciosa, von deren Schönheit Eckermann in einer Tagebucheintragung schwärmt, „welch ein Glück von einem solchen Werk auf tausend und aber tausend von genießenden Menschen ausgehe". Nur selten ist Hummel neben seinen Meistern Mozart und Beethoven auf den Kaufhaustischen zu finden. Aber die „Genießenden" wissen ihn durchaus aufzuspüren!

Es ist in Ordnung, dass die kleine **Alma von Goethe**, der vom Großvater schon früh „Damenallüren" bescheinigt wurden, auf dem Friedhof die größte Aufmerksamkeit auf sich zieht, war sie doch als einzige aus dem Tantalus-Geschlecht „vorbestimmt zu einer Nachfolge Goethes in beglückendem Sinn". Walthers und Wolfgangs spätere Lebensschwermut unter der Last des großen Namens verschonte sie. Ein guter Tropfen des der Großmutter Christiane zugesprochenen „altweimarischen Lebensleichtsinns" (der sich, ohne auf „altweimarische" Wurzeln zurückgreifen zu können, auch bei der Mutter Ottilie von Goethe fand) schien früh ihre Adern zu beseligen.

Es muss eine herrliche Alterssonne für den Dichter gewesen sein, als die drei Enkel Schoß und Seele so eroberten, dass er ihnen alles, oft auch die Arbeit, unterordnete. Was macht uns so willig zum glücklichen Sklaven des Kleinkindes? Doch wohl dies: Dass wir den Glauben hegen, das Leben werde einmal eine Ausnahme machen und aus den Blicken und Gesten, aus dem liebevollen Wort und aus allen Zutraulichkeiten, die uns den Himmel widerspiegeln, einmal nicht den üblichen Bösewicht, Prozesshansel, Besserwisser, Leuteschinder und Pfennigfuchser hervorbringen, den das Leben so oft garantiert, wenn die Schutzengel uns aus ihrer Obhut in die nüchterne Kälte des Erwachsenseins stoßen. Auf dieser verführerischen Hoffnung der Abweichung gründet unser grenzenloses Liebhaben. Und sie ist es, die uns jeden Abend unser Haupt aufs Kissen legen lässt mit dem Wunsch, dass die Weltgeschichte auch diese Nacht noch einmal gutgehen möge.

Nur siebzehn Jahre waren der unbeschwerten Goetheerbin vergönnt. Dann rief Matthias Claudius' „Wilder Knochenmann" sie zu sich. Ihr sichtbarer Marmorschlummer auf dem Historischen Friedhof scheint der Beschwichtigung des Knochenmannes recht zu geben, wenn er versichert: „Sei gutes Muts! Ich bin nicht wild, / Sollst sanft in meinen Armen schlafen!"

Über vier Jahrzehnte hatte sie auf dem Währinger Friedhof in Wien neben Beethoven und Schubert geruht, bevor ihr Name und die damit verbundene Verpflichtung sie wieder nach Weimar riefen. Das schöne Grabdenkmal, das die Augen aller Friedhofsbesucher auf sich zieht, ließ die Mutter in Rom fertigen und auf abenteuerliche Weise an die Ilm bringen.

Die Mutter: **Ottilie von Goethe**, geborene von Pogwisch, Enkelin der Oberhofmeisterin Eleonore Maximiliane Henckel von Donnersmarck. Ob sie heimlich gehofft hat, ein noch größeres, schöneres Grabdenkmal als ihre Tochter Alma zu erhalten? Ungern stand sie im Schatten. Den einzigen Schatten, den sie akzeptierte, warf die Sonne des Schwiegervaters. Der allerdings musste allzu oft den Ehebataillen zwischen Sohn und Schwiegertochter in der Mansarde über den heiligen Räumen am Frauenplan seine ungewollte Aufmerksamkeit schenken.

Woher stammt die Erosion in der bürgerlichen Ehe, heute wie vor zweihundert Jahren? Was macht sie anfällig für Verschleiß und Verrat? Warum erhofft der von den Medien zur Glücksmaximierung gepeitschte Zeitgenosse so wenig von der unbändigen Kraft jenes gemeinsamen leisen Lächelns, das allein die Last des Tages zu heilen imstande ist? Wie kommt ein amerikanischer Bestsellerautor auf die brisante Formel, dass Ehebruch die einzige Möglichkeit des Verheirateten sei, ein kleines Stück Menschenwürde zu verwirklichen? Wer erinnert daran, wie gut es ist, das Glück innerhalb des Bündnisses einzufangen, es listig zu verwalten und aus der geheimen Kraft zu schöpfen, die es neben allem Risiko bis zum letzten Atemzug birgt? Goethe hat in „Egmont" daran erinnert, wie bald uns im Leben eine Zeit erwartet, „wo man Gott dankt, wenn man irgendwo unterkriechen kann". Und sind wir nicht alle „Unterkriecher", innerlich ebenso wie äußerlich?

Bei August und Ottilie waren von Anfang an alle Brandsätze enthalten, die im Laufe der Jahre die durchaus glücklich begonnene Ehe sprengen konnten. Die Beteiligten wussten, dass nicht August von Goethe den Ausschlag zur Heirat gegeben, sondern der Vater. Dessen „kalt und abgemessen" im Umgang mit der Schwiegertochtersippschaft Henckel von Donnersmarck hatte seine Gründe. Das wusste auch August, der Ehemann, nur zu gut.

Wenn es stimmt, dass jedes menschliche Leben, gleichgültig wie lang es währt, nicht mehr als zwei bis drei Zeilen beansprucht, um umfassend beschrieben zu werden, dann wären ihr großes Herz, ihr grenzenloses Bedürfnis nach fraulicher Beachtung und ihre leichtfertige Hingabebereitschaft in der trivialen Brief-Tagebucheintragung an den Sohn Walther während einer Reise nach Wien vielleicht in der folgenden Notiz getroffen.

Dem Sohn, der unter den Eskapaden der geliebten Mutter nicht wenig leidet, muss die Sechsundvierzigjährige unbedingt mitteilen, dass sie in der Landschenke, in der sie mit der Tochter übernachtete, „erst vor der Thüre mit drei gentlemen ohne Shu und Strümpfe eine kleine flirtation begonnen um nicht aus der Uebung zu kommen." Verständnislos schreibt Walther zurück: „... ich finde Deine Abentheuerlust nicht sehr günstig für Alma ..." Diese ist gerade fünfzehn.

Demgegenüber: Wie viel Liebenswürdiges lässt sich über Ottilie zusammentragen. Über die begabte Schriftstellerin; die, wenn auch auf adlig-putzige Weise, sozialengagierte Suppenküchenförderin; die aufgeschlossene Freundin, die, obwohl selbst eingebunden in gesellschaftliche Konventionen, buchstäblich für alles Verständnis hat und reichlich zum Abstreifen dieser Konventionen beiträgt.

Meine ganze Neigung aber gehört Ottilie wegen eines Briefes, den sie, fünfundsechzigjährig, meinem heimlichen Reisegefährten Abeken 1861 nach Osnabrück schreibt.

Der ehemalige Schiller-Hauslehrer hatte ihr ein Exemplar seiner Schrift „Goethe in den Jahren 1771 bis 1775" nach Wien geschickt. In einem langen Brief voller Wärme zieht sie die Summe ihres Lebens mit dem Schwiegervater. Sie weiß, dass sie bei Abeken nichts erklären muss und dass ihrer beider Liebe zum Dichter und Menschen Goethe nicht der weiteren Begründung bedarf. So schreibt sie die großen Worte: „Ich habe 15 Jahre mit meinem Schwiegervater zusammengelebt, mit einem jungen, warmen – thörichten Herzen, mit einer großen Dosis Phantasie und eben so viel Unvernunft, und nie habe ich nur einmal gefunden, er sei kalt oder gar herzlos; und welche Ansprüche macht man doch in der Jugend nicht nur an das Gefühl, sondern selbst an die äußeren Zeichen davon, aber er stellte sich immer auf den Standpunkt des Anderen, und so war er mild verstehend, und bei Irrthümern erbarmend." Und über den in der zweiten Hälfte des 19. Jahrhunderts in mancher Veröffentlichung als heimlichen Schiller-Rivalen und Gegner, gar Neider der jungen Romantiker Verunglimpften, schreibt sie: „Ein Hauptzug meines Vaters war, daß er ganz neidlos, auch nicht einmal vorübergehend, nie sah ich eine Spur davon, nur reine Freude und Anerkennung empfand er wo ihm Großartiges entgegentrat, ja

Thränen traten ihm vor Bewunderung in die Augen."

Was für eine Schwiegertochter! Alles „in der Übung bleiben", jede „Flirtation", ob mit oder „ohne Shu und Strümpfe", sei ihr mit Kusshand verziehen. Tausend Rosen auf dein Grab, lebenslustige Ottilie!

„**Wolf** ist der Liebling des Großpapas, ich treffe ihn sehr oft bei ihm; **Walther**, das arme Kerlchen, wird etwas vernachlässigt, er hat kein so liebenswürdiges Wesen wie der jüngere Bruder und weiß nicht so zärtlich zu schmeicheln", beobachtet ein Freund des Hauses die Kinderszene im Goethehaus. Wie mögen sie den Tod des Vaters erleben? Nicht nur Böswillige bezeichnen das überraschende Ende des von Alkohol und nicht erfüllbarer Sohnesrolle zerrütteten August von Goethe mehr oder weniger offen als Erlösung für die Angehörigen am Frauenplan. Was wissen die Kleinen? Walther, der älteste, ist zwölf, Wolf zehn und Alma gerade zwei Jahre alt. Für wenige Jahre kann der Großvater sie unter seinen Schutz nehmen. Für die Kleinen ist es eine glückliche Zeit zwischen Mansarde, Repräsentationsräumen und Arbeitszimmer des Apapas, wie sie ihn nennen.

Das Erwachsenwerden jedoch, noch mehr das Erwachsensein unter dem wunderbaren und gleichzeitig unerträglich großen Namen (wo kann man sich bewegen, ohne beobachtet zu werden?) wird zur Tortur. „Aber was soll ferner werden, da Ottilie immer noch sich sträubt, sie (die Kinder!) in eine fremde öffentliche Anstalt oder auch hier nur aufs Gymnasium zu bringen", hatte zwei Jahre nach Großvaters Tod ein Bekannter der Familie über die Erziehungsmentalität der Mutter geklagt. Es war nicht leicht, mit dem großen Namen auftreten zu müssen. Wer könnte es der Mutter verübeln, die drei so gut es ging vor der öffentlichen Zurschaustellung zu schützen?

„Kümmeltürk" möchte er lieber heißen, klagt der sensible Walther von Goethe später, als seine bescheidenen Versuche, eine kleine Rolle im Leben zu erhaschen, gescheitert sind. Felix Mendelssohn-Bartholdy, einst als Zwölfjähriger ein gefeierter Star am Frauenplan, zeigt wenig Ausdauer bei der Bitte, als Geburtshelfer für den angehenden Musiker Walther von Goethe behilflich zu sein. (Ich nehme ihm das immer ein wenig übel, wenn ich seine Musik höre. Er hätte mehr investieren müssen in Goethes Familie. Er verdankte ihr viel. Es ist leicht, aber unedel, wenn man selbst stark geworden ist, den Ungeduldigen zu spielen!)

Ein heimlicher schriftstellerischer Vorstoß des Dreißigjährigen mit einem (unter Pseudonym erschienenen) sozialkritischen Buch, das die Fürsorgepflicht der gehobenen Stände für das sich allerorts etablierende und immer weniger zu übersehende Proletariat einfordern möchte, scheitert kläglich. Traf der Großvater 1774 mit seinem „Werther" den Nerv der Zeit, so trifft Walther im Revolutionsjahr 1848 geradezu erschreckend daneben. Niemand interessiert sich für seine Appelle „an die Vornehmen", denen er sein Buch widmet.

Vereinsamt, auf vornehme Art verbittert, zuletzt seine ganze Kraft dem Erbe am Frauenplan widmend, das er mit dem Bruder bis zu seinem Tod vor der Öffentlichkeit aus mancherlei Gründen verschließt, so gut es geht und so lange es notwendig, die Eskapaden der Mutter finanzierend, bringt er seine Tage dahin. Die Freundschaft mit dem Großherzoglichen Haus ermöglicht dabei eine gewisse gesellschaftliche Sicherheit.

Wolfgang, Großvaters Liebling, brachte es zum Dr. jur. und für einige Jahre zum preußischen Legationsrat in Rom und Dresden. Seine schriftstellerischen Versuche scheitern ebenfalls. Die Welt wartet nicht auf einen oder gar zwei weitere Goethe. Auch stimmt Robert Schumanns Diktum, dass an allem, was an einen großen Mann erinnert, die Welt doppeltes Interesse nimmt, in der Regel nur im umgekehrten Sinne. Was Schumann verschweigt, ist, dass das meiste von diesem „doppelten Interesse" Schadenfreude ist. Das „Weh dir, dass du ein Enkel bist" hat auch diese Dimension. Nur zu gern hält sich der Betrachter für die exklusive Welt-Raserei eines Großen an den Nachkommen schadlos. „Das hast du nicht gedacht, Gewalt'ger du ...", rief Grillparzer dem Alten vom Frauenplan in seiner Traueransprache auf dem Wiener Friedhof nach dem Tod der siebzehnjährigen Alma hinterher. Natürlich wusste der es, dass die drei Kleinen, die da zu seinen Füßen spielten, alles würden bezahlen müssen.

Ausgerechnet in Leipzig, jener Stadt, die den Großvater als Sechzehnjährigen mit überbordender Energie ins Leben stürzen und erste Pflöcke für seine künftige Rolle einschlagen sah, wirft dieselbe Weltgeschichte die brüchigen Stützen seiner Enkel gleichgültig an den Rand.

Asthma und schwere Neuralgien hatten Wolfgang

von Goethe in Leipzig Heilung suchen lassen. So sehr plagte ihn das Asthma, dass er zuletzt in einer eigentümlich hockenden Stellung um wenige Stunden Schlaf ringen musste. An einem Sonnabend, es war der 20. Januar 1883, schloss Apapas kleiner Liebling morgens um sechs Uhr die goetheschen Augen, deren kindliche Gewalt den alten Dichter so oft vom Manuskript abgezogen hatte. „Lungenerweiterung und Herzlähmung" lautete die Diagnose.

Ich aber erinnere mich an dieser Stelle an eine andere „Lungenerweiterung" Wolfgang von Goethes. Am 25. Januar 1840 teilt Ferdinand Freiligrath, Ehemann der Goethe-Enkel-Spielgefährtin Ida Melos aus der Weimarer Vorwerksgasse (die Enkel holten die Spielkameradin, als der Großvater tot im Lehnstuhl saß), seinem Freund Levin Schücking aus Unkel am Rhein nach Münster mit, dass Wolf von Goethe, „der dem alten Herrn wie aus dem Gesicht geschnitten", ihn besucht habe und über Nacht dageblieben sei. Und was machen die jungen Leute in der kalten Januarnacht, während der unruhige Rhein seinen Wellenschlag bis ins Kaminzimmer trägt? Freiligrath berichtet: „Da haben wir drei denn, bei Windgeheul u. prasselndem Ofen, zusammengesessen bis 1 Uhr, haben gesungen und getrunken u. den Alten leben lassen, bis wir zuletzt ganz feierlich wurden."

Auf den Spuren seines Bruders trifft auch Walther von Goethe zwei Jahre später in einem Leipziger Fremdenzimmer der Tod. „Entkräftung und Lungenbluten" attestiert der Totenschein. Als man ihn hier in Weimar zu Grabe trug, war es so furchtbar kalt, dass die Blumen auf dem kurzen Weg von der

Kapelle zum Grab erfroren. „Mit ihm erlosch Goethes Geschlecht, dessen Name alle Zeiten überdauert", kündet Walthers Grabtafel.

Vor seinem Tode hatte der letzte Repräsentant des Hauses am Frauenplan dafür gesorgt, dass die langjährige Dienerin der Familie, Wilhelmine Bachstein, 1884 ein Jahr vor Walther gestorben, ebenfalls hier ihren Platz bei der Familie fand. (Nach Almas Umbettung von Wien musste sie auf die andere Seite der Mauer zur Familie Vulpius weichen, dort ruht sie jetzt.) Sie hatte Walther, Wolfgang und Alma groß gezogen und betrachtete sie als ihre Kinder. „,Waltherchen', sagte sie zu dem ergrauten Manne, „du mußt ins Bett und Kamillentee trinken!", schreibt Karl Kuhn, der Wiederentdecker des Grabes von Großmutter Christiane auf dem Jakobskirchhof, in seinen Erinnerungen. „Und der gute hilflose Walther tat es ohne Widerrede", heißt es weiter. Nun ruhen sie, „ohne Widerrede", etwa fünfzig Meter entfernt vom Apapa, der wieder einmal nebenan in der Fürstengruft „bei Hofe" ist. „Neben denen einst zu ruhen, die man liebt, ist die angenehmste Vorstellung, welche der Mensch haben kann", hatte er doch in seinen „Wahlverwandtschaften" geschrieben!

Walthers Testament (es ist auch Wolfgangs, sie haben es abgesprochen), in dem er dem Großherzoglichen Haus ein über Jahrzehnte mühsam bewahrtes Erbe übergibt, zeigt auf einmal, wer der „gute hilflose Walther" in Wirklichkeit gewesen ist. Sein Freund, Großherzog Carl Alexander, bringt im Januar 1890 gegenüber einer guten Bekannten das Ausmaß von

Walthers letzter Tat für Weimar, ja für Deutschland, in angemessenen Worten zum Ausdruck: „Ich kann es nicht besser charakterisieren", schreibt Carl Alexander, „als indem ich versichere, daß man den Eindruck hat, als ob die Seele des größten deutschen Dichters, die Seele Goethes, wieder eingezogen sei in diese Stadt, in sein altes Haus, in das Schloß, um aufs neue zu wirken und zu schaffen."

Selbst nach dem Tode ist es dem schon zu Lebzeiten publicitysüchtigen **Johannes Daniel Falk** gelungen, unter seinen grünen Linden die Aufmerksamkeit der Friedhofsbesucher auf sich zu ziehen. Sein Grabstein zwingt zum Stehenbleiben. Es gibt Betrachter, die die kleine Inschrift (er hat sie selbst entworfen!) nach einmaligem Lesen auswendig wegtragen: „Unter diesen grünen Linden / Ist durch Christus frei von Sünden / Herr Johannes Falk zu finden. / Kinder die aus deutschen Städten / Diesen stillen Ort betreten, / Sollen fleissig für ihn beten: / Ew'ger Vater Dir befehle / Ich des Vaters arme Seele / Hier in dunkler Grabeshöhle! / Weil er Kinder angenommen, / Lass ihn einst zu allen Frommen / Als Dein Kind auch zu Dir kommen."

Goethe hielt ihn lange Zeit für einen gefährlichen Luftikus. Längst jener Geisteshaltung entwachsen, die alles durch „den verzerrenden Filter" von Satire und Humor quetschen muss und sich zuletzt doch nur „in tragisches Schweigen verwandelt", war ihm der Journalschreiber Falk höchst suspekt. Dessen Unfähigkeit, andere Leute auch nur eine kleine Weile zu Wort kommen zu lassen, tat ein Übriges.

Riemer, der Falk die nach Goethes Tod flugs erschienenen Erinnerungen neidet, kann ihn nicht genug beleidigen. „Falk war ein unerträglicher Schwätzer ...", muss er der Nachwelt mitteilen, und köstlich-gemein ist seine Schilderung, wie der gesprächige Falk harmlose Spaziergänger derart bedrängt, dass diese ins nächste Haus ausweichen, was Falk allerdings nicht daran hindert, sie zu verfolgen.

Schriftstellerisch ergötzt und entsetzt das journalistische Universalgenie mit seinen bissigen Beiträgen im „Taschenbuch für Freunde des Scherzes und der Satire" Freunde und Feinde (deren er genug hat). Niemand spricht ihm Talent ab. Und er beweist und genießt es.

Nach der Katastrophe von Jena und Auerstedt im Oktober 1806 wird ein neuer Falk geboren. Sophie von Schardt, eine Schwägerin Charlotte von Steins, berichtet am 8. März 1807, als Weimar die Schreckensherrschaft der Tage nach der Schlacht bereits ein wenig vergessen hat, einem französischen Freund: „Falk hat sich gutmütig u. honnett benommen. Besinnen Sie sich [auf] diesen Poeten, Kalender u. Journalenschreiber? Sie würden ihn nicht wiedererkennen, so sehr ist er bey dieser Gelegenheit in Ansehn u. Würden gekommen. Ich wollte es gönnten's ihm alle Leute so wie ich, denn er hat sich gefällig gegen jeden bewiesen, u. niemanden chicanirt, in der Zeit, wo ers würklich hätte thun können."

Als Dolmetscher der französischen Besatzungsmacht fällt ihm eine Schlüsselrolle zu. Und er füllt sie so grandios aus, dass seine Widersacher und Kritiker, unter ihnen Goethe, ihr Urteil über den „Journalen-

schreiber" still revidieren. Einladungen vom Frauenplan gehören jetzt zur Tagesordnung.

Die Umkehrung der politischen Speisekarte 1813
nach der Niederlage Napoleons kommt ihn dennoch
teuer zu stehen. Seine Dolmetscherrolle ist ausge-
spielt, der „feindliche Arbeitgeber" verschwunden.
Es bleibt ihm nicht erspart, einer „ganzen Stufen-
leiter vom Schreckbarsten bis zum Gemeinsten", wie
Goethe die Situation beschreibt, ausgesetzt zu sein.
Und das Schlimmste: Eingeschleppte Seuchen rau-
ben ihm in diesem einen Jahr vier Kinder, in den
nächsten Jahren werden drei weitere dahingerafft.

Man muss das Elternlos mit Namen dokumentie-
ren, um dem vom Leben geläuterten Falk gerecht zu
werden: Tochter Eugenie ist fünfeinhalb, sein kleiner
Guido drei, Edmund neun Monate und Adelaide
keine acht Wochen alt. Auf den Straßen Weimars
treiben sich nicht wenige elternlose Kinder herum,
die vor den versprengten Truppen fliehen. Teilweise
sind sie nicht älter als es Eugenie und Guido waren.
Und der frühere Zyniker beschließt mit seiner Frau,
dem Elend nicht einfach zuzusehen und gründet ein
Waisenhaus, das vom Hauptgebäude her den Namen
„Lutherhof" führt. Alles geht dabei drauf, und sein
später berühmtes „Falksches Institut" verschluckt,
„weil er Kinder angenommen", auch das Vermögen
seiner Gattin bis zum letzten Schmuckstück.

Unter den unzähligen Friedhofsbesuchern, die
Falks Grab sehen, ist es Franz Kafka, der der gedul-
dig mittragenden Ehefrau Caroline seine Aufmerksamkeit schenkt. Beim Gang über den Historischen
Friedhof im Juli 1912 notiert er ihren Grabspruch

ins Heft: „Während Gott ihr sieben der eigenen Kinder nahm, wurde sie fremden Kindern eine Mutter. Gott wird abwischen alle Tränen von ihren Augen."

„Jetzt wackelt Falks Grab, jetzt muss er keinem mehr nachstellen, damit er ihm zuhört, jetzt lauscht ihm bereitwillig die ganze Welt", bemerke ich jedes Jahr an Heiligabend, wenn sein „O du fröhliche" aus aber- und abermillionen Kehlen erklingt. Schon am 28. Oktober jeden Jahres, an seinem Geburtstag, zieht eine kleine Verehrerschar hier zum Grab, um das Lied anzustimmen. Seit einigen Jahren erstrahlt sein Lutherhof in neuem Glanz, und eine wiedererstandene „Gesellschaft der Freunde in der Not" bietet dem anders gearteten Elend des 21. Jahrhunderts die Stirn.

Schlaf gut, Falk, alter Zyniker mit dem großen Herzen. Du schläfst dem, was da kommen soll, ruhiger entgegen als es uns allen vergönnt sein wird, die wir hier an deinem Grab stehen, flüstere ich ihm zu.

„Schön kann sie nie gewesen sein", maßt Schiller sich mit Blick auf die vierundvierzigjährige **Charlotte von Stein** zu urteilen an. Der Bildhauer Adolf Donndorf hat anders entschieden. Das hier ist Schönheit! So wollte sie sich selbst sehen. Wie alt mag sie sein? Noch spiegelt das Bild nicht jene klugen erotischen Konturen, die die 50er Lebensjahre in das Gesicht der Frau zeichnen. Waren es die 1700 Briefe von Goethe, die ihr Schönheit verliehen? Warum schreibt man 1700 Briefe an eine Frau? Welch ein Geheimnis der Goethezeit schweigt hier vor sich hin? Weshalb kann es niemand ergründen? Schweifen auch wir ein wenig darum herum.

Den Sechsundzwanzigjährigen und die sieben Jahre Ältere führt zunächst die gemeinsame Abneigung gegen das fortwährende Kartenspiel der Hofgesellschaft zueinander. Man sitzt abseits und sucht Verbündete. Die intelligente Hofdame gehört dazu. „Seelisch und körperlich angegriffen" von den vielen Schwangerschaften, fühle sich die seit ihrem einundzwanzigsten Lebensjahr mit dem Oberstallmeister Josias von Stein verheiratete inzwischen Anfang Dreißigjährige. Natürlich hat sie den „Werther" gelesen und weiß sich durch die Gemeinsamkeit mit dem Autor am Nebentisch geehrt. Vor einem Jahr hat ihr der nüchterne hannoversche Leibarzt Zimmermann das Zeugnis einer Bekannten („einer Frau von Welt", wie er schreibt!) über den jungen Mann, der da jetzt bei ihr sitzt und sich mit ihr über die Spieler lustig macht, weitergegeben. Wie oft wird sie den langen Brief des ihr seit der Pyrmonter Kur befreundeten Arztes gelesen haben? Darin steht, „daß Goethe der schönste, lebhafteste, ursprünglichste, feurigste, stürmischste, sanfteste, verführerischste und für ein Frauenherz gefährlichste Mann sei, den sie (eben jene Frau von Welt!) in ihrem Leben gesehen habe."

Was wird eine Frau, ob „von Welt" oder nicht, machen, wenn ausgerechnet dieser Mann (den sein Freund Herder in einem Brief an seine Verlobte den „kalten Weiberhässer Goethe" nennt!) ihre Gesellschaft sucht? Sie wird alle Register aus dem unergründlichen wie unerschöpflichen Repertoire weiblicher Verführungskunst aufbieten, um dem schönsten, lebhaftesten, ursprünglichsten, feurigsten, stürmischsten, sanftesten, verführerischsten und gefährlichsten Mann zu imponieren.

Und so geht es seinen Gang. Die konsequente Hofdame mit ihren zahlreichen Kindern und ihrem Oberstallmeister Josias, „der in ihrem inneren Leben so nebenher geht", nimmt die Herausforderung an. Zunächst als aufmerksame Gouvernante, die sich über die Sturm- und Drang-Allüren des neuen Weimarers nicht genug beklagen kann, dann als tägliche Gesprächs- und Briefpartnerin merkwürdig schöner Jahre. Wenn die Ehe, neben ihren unendlichen Glücksmöglichkeiten, tatsächlich auch Ursache von sechzig Prozent aller Krankheiten ist, dann darf man bei ihr vielleicht gar auf siebzig, achtzig Prozent erhöhen. Wie gut tut ihr da diese Therapie.

Sieben Kinder (vier Töchter, die jung sterben, und drei Söhne) hat sie mit ihrem Mann, von dem die Goetheforschung nicht eine heitere Geschichte, keinen Scherz, keine einzige Dummheit überliefern kann. „Du einzige, die ich so lieben kann ohne dass mich's plagt ...", schreibt Goethe ihr, und Ernst Beutler, der aufmerksame Seelenerforscher Goethes, bescheinigt gar: „Bei ihr war Friede." Was zu beweisen wäre!

Die Rückkehr Goethes aus Italien. Nach einem Jahrzehnt Abhängigkeit (gleichgültig, welcher Art!) befreit er sich. Ja, es ist eine Befreiung. Die sanfte Rache des Mannes gegenüber der geliebten Herrschaft der Frau, die Ohnmacht des übermächtigen „ewig Weiblichen" gegenüber dem seinem Weibe verfallenen Adam. Immer wieder verraten seine Gedichte und

Briefe eine Spur jenes süßen Giftes, das Gott bei der Vertreibung aus dem Paradies in letzter Sekunde aus Mitleid dem seiner klugen Eva „abhängig, unterworfen, leidend und dienend" hinterhertrottenden Adam heimlich zusteckte, nämlich, „sich in der Sklaverei hinlängliche Verschmitztheit zu bewahren". Ihr Hass auf die jüngere Christiane, ihr Lebensgroll gegenüber seinem späteren Glück, war es im Grunde nicht nur die Erkenntnis dieser Niederlage? („Für sie war es der Beginn des Alters", tönt die sympathische Stimme des Schauspielers Martin Benrath einige tausend Mal im Jahr aus dem Dia-Vortragsraum im Innenhof des Goethehauses, wenn Charlotte von Stein ihren Goethe an Christiane verliert. Wenn der Satz fällt und ich komme zufällig vorbei, bleibe ich jedesmal stehen. Er elektrisiert mich.)

Herders Bitte, die Aufzeichnungen der Italienreise lesen zu dürfen, verweigert er mit dem Hinweis: „Denn es ist im Grunde sehr dummes Zeug, das mich jetzt anstinkt." Was „stinkt ihn an"? Die Aufzeichnungen waren für Charlotte bestimmt und jetzt, nach dem Bruch, stimmen die Gefühle nicht mehr. Wie das so ist im Leben, wenn Gefühle ihren Boden verlieren (eine der größten Brutalitäten, die das Leben uns bereit hält; unsere Gefühle sind Zeitgeburten, und noch der harmloseste Schlager will ihnen verzweifelt Ewigkeit einhauchen!). „Du bist nicht ... wofür ich dich gehalten habe" oder: „Du kannst es nicht mehr sein", das schmerzhafteste aller sanften Todesurteile.

Die andere Frage: Was wäre aus einer festen Verbindung geworden? Etwa nach dem Tode ihres

Mannes oder, unmöglich, aber nicht undenkbar, nach einer Trennung von ihm? Was sonst als das, was oft daraus wird? Sie hätte ihm für den Rest seines Lebens Bekleidungsvorschriften gemacht. Gegen diese Aussichten war Christiane ein Glücksgriff. Es wird auch hier wohl stimmen, was der weltweise Jean Paul munkelt, nämlich dass nie ein Mann bereut hat, eine Frau nicht geheiratet zu haben.

Vermutlich war es sein Altersglück, das er in schlaflosen Stunden genoss, dich nicht auf dem Hals zu haben, beleidige ich die abweisend Blickende. Ich mag sie nicht, es gibt so viel, was ich ihr nicht verzeihen will.

Zum Beispiel, wie sie sich über den Haushalt am Frauenplan nicht genug mokieren kann. Dann diese überkandidelte Weltbetrachtung aus der Sicht ihres hochnäsigen Adelsproletariats.

Als Christianes Stiefschwester stirbt, schreibt Charlotte von Schiller der Gesinnungsgenossin Charlotte von Stein: „Die Schwester der Vulpius ist gestorben; der arme Mann" – gemeint ist Goethe! – „hat so geweint! Dies schmerzt mich, daß seine Tränen um solche Gegenstände fließen müssen." Man ist sich einig in der Einschätzung „solcher Gegenstände". Ich mag „solche" Leute nicht, auch nicht mit zweihundert Jahren Distanz. Andererseits, ihr wohltuender Einfluss auf den jungen Goethe, ihre Adressatenwürdigkeit für 1700 Goethebriefe; ihre eigenen Briefe, die so seltsam schöne Sätze enthalten wie den an den schwer erkrankten Lieblingssohn Fritz: „O stirb mir nicht! Du bist die einzige Poesie meines Lebens!", all das adelt sie nun doch auf eine andere Weise.

Scharfer Herbstwind wirbelt eine Staubwolke über Charlottes Marmorgesicht. Zimmermann, der Arzt und Briefpartner, wird ihr die ihm von Lavater gewidmeten „Aussichten in die Ewigkeit" geliehen oder geschenkt haben. Der junge Schweizer Theologe hatte sich der Leidenschaft seines Jahrhunderts hingegeben, nämlich die Unsterblichkeit naturwissenschaftlich zu beweisen. Es ist eine Manie der Zeit. In seinen Briefen an Zimmermann, gesammelt unter dem obigen Titel, erläutert Lavater zunächst den Prozess der Vergänglichkeit und die „Technik" der Auferstehung. Dann verspricht er: „Ich bin sehr geneigt, zu glauben, daß [der Körper], aller Veränderungen ungeachtet, die mit ihm vorgehen werden, dennoch überhaupt sehr viel Aehnlichkeit mit der itzigen menschlichen Gestalt haben; daß jeder Mensch noch ähnlich kenntliche Gesichtszüge, wiewol unendlich verschönert, behalten werde."

Ich sehe Charlotte an. Hat Donndorf, der Bildhauer, es gewusst, dass unsere Gesichtszüge „unendlich verschönert" werden? Hat er Charlotte bereits ein Stück Unsterblichkeit ins sterbliche Gesicht gelegt?

Wieder schickt der Wind eine Staubwolke über die Gräberreihe an der Westmauer und verdunkelt erneut für eine Sekunde die edlen Gesichtszüge Charlottens. „Wind raffte einen Staubkerl zusammen", dröhnt Arno Schmidt mir mit undeutlicher Erinnerung im Kopf. Ist das die eigentliche Auferstehungsbotschaft? Warum ist uns, die wir doch aus dem Nichts kommen, die Vorstellung so unerträglich, dass wir, nachdem wir einige Spuren in den

Weltsand gezeichnet haben, wieder in jenem Nichts verschwinden? Ist der Wind tatsächlich unser endgültiger Gefährte? Was wäre schlimm daran?, flüstere ich vor mich hin und tröste mich an Marianne von Willemers und Goethes wunderbarem Satz „Kosend spielt er mit dem Staube, jagt ihn auf in leichten Wölkchen" aus dem West-östlichen Divan.

Schon ärgere ich mich über das Zugeständnis gegenüber dem perfiden Auferstehungsspötter Arno Schmidt. Von wegen „Staubkerl", „Unendlich verschönert!", sage ich und sehe wütend dem wirbelnden Wölkchen hinterher. „Der Sinn des Lebens besteht darin, dass man sich nach dem Tod wiedersieht", hat der Kabarettist Hanns Dieter Hüsch ohne jede Spur von Kabarettzynismus hinterlassen. Man kann es drehn und wenden, man kann philosophieren, politisieren und theologisieren wie man will. Es gibt keinen anderen Sinn, auch wenn wir wissen, „daß das Auge modert, das diese Herrlichkeit erblicken soll".

Arno Schmidt lässt mich dennoch nicht in Ruhe. „Was soll uns, den Tiefst=Betrogenen aller Dinge, dieses verfluchte – übrigens typisch christliche – Wichtignehmen der eigenen Seele, oder gar des <Seelenheils> ? Was soll das krampfhafte Hantieren mit Tod & Unendlichkeit & Unsterblichkeit und anderen dicken Worten auf <Un...>? ... hätten wir nicht wahrlich Wichtigeres zu tun, als uns an derlei hohlen Nüssen, gefüllt mit Spinneweben, abzuarbeiten?", grinst er aus seiner Staubwolke über den Friedhof.

Nein, wir haben nichts Wichtigeres zu tun! Alles andere ist „krampfhaftes Hantieren", Aktivismus mit immer lächerlichem Ende, auch in den besten und glücklichsten Lebensläufen, rufe ich ihm nach.

Charlotte sieht mir nicht hinterher, während ich mich abwende. „Wenn ich mich recht zur Statue machen kann, bin ich am wohlsten ...", hat sie einmal gesagt. Wieder habe ich Lust, ihr keine Rose zu geben – und kann es doch nicht übers Herz bringen.

Einen nervösen Vogelfänger habe ich Eckermann am Grab seiner Frau genannt. Das nehme ich zurück. So „nebensächlich" war das mit seiner Vogelleidenschaft nun keineswegs. Darf man den Berichten trauen (und es gibt keinen Grund, dies nicht zu tun!), gehört **Johann Peter Eckermann**, der harmlose Junge aus der Lüneburger Heide, den es in die große Weltgeschichte verschlug, eher zu den Heiligengestalten der Vogelliebhaber und darf in dieser Rolle, das ist nicht hoch gegriffen, mit Franz von Assisi genannt werden, dem sich der Überlieferung nach die Vögel freiwillig zugesellten. Oder auch mit Thomas Morus, dem standhaften Verteidiger der römischen Kirche, der nach einem Bericht seines Freundes Erasmus von Rotterdam „fast alle Art Vögel in seinem Haus" hielt und mit ihnen lebte.

Fünf Tage habe ein Kuckuck in Eckermanns offenem Fenster gesessen, ohne fortzufliegen, und wenn er mit dem Sohn und dessen Freunden über die Felder um Weimar spaziere, rufe er gelegentlich einen wilden Vogel auf seine Schulter, wird berichtet. Am meisten aber imponiert mir, wie er, nachdem alle „Vernünftigen" in seiner Umgebung ihn wohlwollend therapiert haben (Ehegattin Hannchen ebenso wie Goethe, der siegessicher im Tagebuch dokumentiert, Eckermann habe sich von seiner Vogelliebhaberei losgesagt), sofort rückfällig wird, als die freundlichen Erpresser nicht mehr da sind. Etwa vierzig Vögel holt er sich erneut in seine winzigen Zimmer und schließt damit den Reigen von der Kindheit ins Alter. Was ist uns Besseres vergönnt, als unsere Kindheitsleidenschaften, so oft verboten oder von den Vernünftigen verspottet, in guten Jahren in aller Freiheit noch einmal auszuleben? Sie bleiben uns ja doch lebenslang wichtiger als jede kluge Bevormundung sich ausmalen kann.

„Wie gerne wenden wir im vorgerückten Alter unsere Phantasie auf jene Tage unseres jugendlichen Treibens zurück", schreibt er in seinem Erstling „Beyträge zur Poesie", jenem Werk, dem der unbekannte Autor aus dem bis dahin unbekannten Winsen an der Luhe den Untertitel gibt „mit besonderer Hinweisung auf Goethe" und das ihm die Tür des Hauses am Frauenplan so bereitwillig öffnet, obwohl es dem alten Dichter neben der gern zur Kenntnis genommenen Verehrung insgesamt vermutlich nur ein Lächeln abringt. Gedichte schreibt der junge Mann des klassischen zweiten Bildungsweges natürlich auch.

Zwei Tage will er in Weimar bleiben, um den Dichter zu sehen, dessen Begegnung im Gedicht ihn gefangen hat. (Es ist Goethes wehes Schäferlied „Da droben auf jenem Berge, da steh ich tausendmal", das noch heute, zumal in der Schubert-Vertonung, gefangennehmen kann.) Und dann bleibt er Jahr um

Jahr, so lange, dass im Oktober 2001 seine Landsleute aus Winsen wieder einmal nach ihm sehen und
sein Grab herrichten müssen. Denn, so sagt Gerhard
Kohlweyer, Vorstandsmitglied des Kulturvereins
Winsen, in der kleinen Feierstunde an Eckermanns
Grab (wir stoßen zufällig hinzu und staunen über
die Fürsorge der Landsleute nach anderthalb Jahrhunderten!): „Wenn ein Winsener nach Weimar
kommt, geht er in der Regel zu Johann Peter Eckermann." Und weil man sich dem Winsener Sohn bis
heute verpflichtet fühle, komme man selbstverständlich für die Dauergrabpflege auf.

Welch ein selten gewordener Ton in der deutschen
Kulturlandschaft, in der um Graberhaltung oft ge-
kämpft und manchmal sogar prozessiert werden
muss. Wir trauen unseren Ohren nicht, und leise,
um den ungeduldigen Achtjährigen an unserer Hand
für ein weiteres Viertelstündchen zum Ausharren zu
verführen, flüstert die Mutter ihm Anton Kippenbergs herrlichen Schüttelreim über den etwa gleichaltrigen Schäferjungen Johann Peter ins Ohr: „Auf
Winsen sich die Ruhe legt, / Kein Windeshauch die
Luhe regt, / Da hebt Gemuh, Gemecker an: / Die
Herde heim treibt Eckermann."

Glücklicherweise tut des Insel-Verlegers klingen-
des Wortspiel bei mehrfacher Wiederholung für einige Zeit seine Wirkung, und wir können noch der
fürsorglichen Rede von Stiftungspräsident Hellmut
Seemann folgen. Einen „ganz Großen" im Gefüge
der deutschen Klassik nennt Weimars mächtigster
Kulturmanager den verkannten Schreiber, dem seit
Generationen das dumpfe Prädikat vom „getreuen

Eckermann" nachgrinst. Keine Sekunde lässt Seemann sich auf die alte Gehilfen-Litanei ein und stellt die so gern unterschlagene Rolle Eckermanns als „eines verantwortlichen Ministers im Reiche Goethes", der durchaus autorisiert war, „das Siegel des Herrschers zu führen", in den Vordergrund. Eckermann hat wieder einmal eine gute Stunde.

Es war ja nicht nur das barfüßige Viehhüten auf den sommerlichen Marschwiesen, das im Alter glücklich zurückkehrte. Kaum jemand aus dem goetheschen Umfeld hat so gern und verwundert der eigenen Lebensgeschichte nachgelauscht wie der reife Johann Peter, darin höchstens den beiden von Goethe geretteten Freunden Johann Heinrich Jung-Stilling (dem Eckermann sich in seinem ersten Brief an Goethe verwandt fühlt) und Karl Philipp Moritz vergleichbar, die unter Goethes Einfluss ihre eigene Lebensgeschichte zum Kunstwerk erheben konnten.

Wie liebe ich es, an diesem Ort den schüchternen, aber hellwachen Johann Peter noch einmal mit der Mutter ins Winsener Schloss gehen zu sehen (man hat bei der Herrschaft von dem begabten Jungen gehört und denkt über eine Förderung nach). Wie werden beide dem Termin entgegengefiebert haben. Wie hört man es förmlich, das „Mach einen Diener, Junge!" und das „Steh gerade!", wie fühlt man selbst die mütterliche Hand, das Mundsaubermachen und Naseabwischen, das verlegene Nesteln an der ärmlichen Kleidung, die doch heute einen ungewohnten Dienst tun muss, die blitzenden Augen des Zehnjährigen, der mit seinem schon vorhandenen Malerblick zum ersten Mal im Leben den Herrlichkeiten dieser Welt im bescheidenen Winsener Stadtschloss begegnet. (Wie gut können wir uns im Grab von diesen Strapazen erholen; jedoch, sind sie nicht der eigentliche Reichtum unseres Lebens, diese feierlichen Gänge an der Hand von Vater oder Mutter in die Schlösser unserer Kindheit?)

Dann die Hausierergänge des Jungen mit dem Vater. Die Entdeckung der Vogelwelt in der Heide. Bald kennt er sich darin besser aus als der Vater, und die Dörfer teilt er nach den vorhandenen Nestern ein (ohne sie zu plündern, sie sind ja sein ganzes Glück!).

Die Letzten-Meilen-Gespräche während dieser Wanderungen über das Abendbrot im nächsten Dorf, „das uns die Wirtsmutter machen sollte, und unser beiderseitiger Wunsch fiel dann gewöhnlich auf süße Milch mit Semmeln und Buchweizen-Pfannenkuchen, den wir mit Syrup bestreichen wollten, welchen mein Vater zu diesem Behuf in einem großen vierkantigen Glase bei sich zu führen pflegte". (Nie lese ich in einem norddeutschen Gasthaus das Gericht „Buchweizenpfannkuchen" auf der Speisekarte, ohne der beiden Heidewanderer zu gedenken.)

Die freiwilligen Militärjahre, das mühsam erschuftete Studium. Die Bekanntschaft und Verlobung mit Johanna Bertram, seinem Hannchen, der Schwester eines Freundes. Der Fußweg von Empelde bei Hannover über Göttingen nach Weimar durch das sommerliche Werratal. (Eines Tages werde ich ihm einmal nachgehen. Was sind Mallorca, Ibiza und Tunesien mit ihren künstlichen Freuden gegen eine solche Wanderung auf Eckermanns Hoffnungsroute?)

Der erste Händedruck des alten Gottes am Frauenplan. Sein Leben beginnt zum zweiten Mal. Die Erkenntnis, dass es keine Alternative mehr gibt. Jeden Tag um Goethe zu sein, dessen Hand auf der Schulter zu fühlen, dessen Lachen zu teilen und dessen Gedanken als erster zu hören: ihm wird es vergönnt sein, wenn er bleibt. „Und in meinem Innern wohnte immer eine leise Ahndung von etwas Großem, was mir in der Zukunft bevorstehe", hatte die Heidearmut geheimnisvoll signalisiert. Und er bleibt.

Seine spätere Rechtfertigung für die „Beschäftigung ohne geregeltes Einkommen" in Goethes Diensten kommt lakonisch daher, ist es aber keinesfalls: „Ich habe es in Weimar hingehen lassen, weil es nicht anders ging, höherer Zwecke wegen ..." Und er hatte recht.

Wir lieben ja auch immer ein wenig unser Chaos, unsere persönliche Ausnahmesituation. Befreit sie uns doch auf eigene Weise von der Niedrigkeit des Alltags, der beleidigenden Routine, die der Schöpfung jeden Tag ins Gesicht gähnt. Und so wird auch Eckermann seinen Weg außerhalb der bürgerlichen Sicherheit vielleicht sogar ein wenig mit innerem Vergnügen und Leichtigkeit des Herzens angetreten haben. Das Schicksal meint es ja gar nicht so selten gut mit dem vermeintlich Elenden und lacht des wohlversorgten Bankdirektors, der sich seines Rangs und Ruhms sicher wähnt und doch nur die himmlischen Mächte zu seltsamen Scherzen herausfordert. (Man spricht besser nicht darüber.)

Die Jahre bei Goethe. Stolz und Freude erfüllen ihn. Er spürt verwundert, wie sehr Goethe ihn braucht. „Wie wohltätig er auf die oft gestörten häuslichen und Familienverhältnisse gewirkt" und „wie liebevoll er zwischen Vater und Sohn gewaltet", erinnert sich Karl von Holtei, ein Freund von Goethes Sohn August, der Gelegenheit hat, einen Blick hinter die Vater-Sohn-Kulisse am Frauenplan zu werfen.

Im Umgang mit Eckermann kann sich auch der Allmächtige geben, wie er möchte. Es sind kaum Rücksichten zu nehmen gegenüber dem jungen Anbeter. Das macht Goethe den Umgang leicht und unverzichtbar. Er nimmt ihn mit, zwingt ihn gleichzeitig in die große Gesellschaft und sorgt für eine „tägliche Gnade", die allerdings die langfristige Perspektive des jungen Adepten, aus welchen Gründen auch immer, außer Acht lässt.

Dann, nach Goethes Tod, die Abfassung der „Gespräche". Der „Mensch" Goethe wird der Welt vorgeführt. Und die Welt staunt. Hatte sie doch nur vom Olympier, vom unnahbaren Staatsminister gehört und findet nun unter anderem die beiden Männer wie pubertäre Jünglinge im Jenaer Gasthof „Zum Bären" im dämmernden Zimmer über erhebende Träume und die „magnetische Anziehungskraft von Liebenden" reden.

Meine Lieblingsszene aus eben dieser Gute-Nacht-Unterhaltung: Wie der junge Goethe sich spätabends wegen einer dort anwesenden Gesellschaft nicht in das hell erleuchtete Haus der Charlotte von Stein traut und „unmutig und leidenschaftlich" die nächtliche Stadt durchstreift, bis ihm die Ersehnte auf geheimnisvolle Weise in einer dunklen Gasse wider alle Wahrscheinlichkeit in die Arme läuft. „Ich glaubte schon damals fest an eine gegenseitige Einwirkung und daß ich durch ein mächtiges Verlangen sie herbeiziehen könne", behauptet er steif und fest gegenüber seinem jungen Zuhörer, und der Erfolg hatte ihm ja recht gegeben. (Im März 2000 machen sich etwa fünfzig Teilnehmer der Jahrestagung des Vereins Literaturlandschaften vom „Russischen Hof" aus unter kundiger Führung nach Eckermanns Bericht auf den magischen Weg des verliebten Goethe durch das nächtliche Weimar und „begegnen" beiden, dem jungen Goethe und Charlotte von Stein.)

Auch Eckermann ahnt nicht, dass er der Welt mit seinen Aufzeichnungen *das* Goethe-Buch schenken und den Dichter in seinem Volk zu dem machen wird, was er ohne den Jungen aus der Heide vielleicht nie hätte werden können, nämlich ein nationales Ereignis. Dabei ist sein Erfolgsrezept wenig erprobt und nicht ohne Risiko. Es kann ins Verschrobene, ja ins Lächerliche abgleiten.

Eckermanns sensibelster literarischer Beobachter, der Direktor des Frankfurter Goethe-Hauses Ernst Beutler, hat die konzeptionelle Strategie so heiliggesprochen: „Diese Verknüpfung des gelebten Lebens, des, wenn auch dichterisch gesehenen Alltags mit den tiefsten Gesprächen über Gott und Welt, das ist das Geheimnis der Wirkung von Eckermanns Buch." Nietzsche hat es das beste deutsche Buch genannt.

Dem müßigen Schreiber ist die Geburt der „Gespräche" aus flüchtigen Notizen, Gedankenblitzen und Tagebuchseiten nicht leicht gefallen. „Ich hatte es mit einem Helden zu tun, den ich nicht durfte sinken lassen!", gibt er zu bedenken, um den allzu gemächlichen Fortschritt zu rechtfertigen. Die private Situation tut ein Übriges, die Entstehung des großen Buches zu behindern. 1834 muss er seine Frau nach dem ersten Kindbett und einer „Schattenehe" ohne Beachtung an Hof und Frauenplan auf diesen Friedhof bringen und den kleinen Karl allein aufziehen. Die wirtschaftliche Situation bleibt lebenslang fatal. Mit etwa 300 Talern muss er im Jahr auskommen, obwohl, objektivem Zeugnis nach, mindestens 900 nötig wären. Der großherzogliche Hof hält ihn an der kurzen Leine. Einem alt gewordenen Sonderling mit vierzig Vögeln in der Wohnung fühlt sich niemand so richtig verpflichtet. Die Flucht aus Weimar, das ihn eigenartigerweise längst für seine Reputation in der Welt braucht, aber dafür ungern aufkommen möchte, gerät zum Erniedrigungsakt. In einer Offenlegung der persönlichen Verhältnisse gegenüber seinem ehemaligen Schüler, dem Erbgroßherzog Carl Alexander, beklagt er in beißender Selbstironie sein Verbleiben an der Ilm als einen Mißgriff, „der nur einem gutmüthigen halbwilden Herkömmling der Lüneburger Heide passiren konnte". Es hilft alles nichts.

Heinrich Heine hat ihm zu alledem einen Vers aufs Haupt geschmiedet, der ihn nach Lust und Bedarf zum Gespött macht. Dann die Sorge um die Konkurrenz. Kanzler von Müller und Professor Riemer arbeiten ebenfalls an Erinnerungen um Goethe. Falks Aufzeichnungen liegen bereits vor. Werden seine Bemühungen ins Abseits geraten, als zweite Garnitur gelten? Dass er Kanzler von Müller, den mächtigen Juristen und Beamten, ebenso wie Riemer, den hochgelehrten Altphilologen, weit hinter sich lässt, ja, dass ihre Werke nicht einmal den Weg in die öffentlichen Bibliotheken geschweige denn ins gebildete Haus finden, ist dem Autor nicht mehr bewusst geworden. Die „Gespräche" nehmen zunächst einen mühsamen Weg in die deutsche Bildungslandschaft, und der auf das schmale Honorar angewiesene Autor gerät mit dem Leipziger Brockhaus-Verlag nach einigen Missverständnissen in jahrelange Rechtsstreitigkeiten, die er auch noch verliert. („Ich kaufe ungern ein Brockhaus-Lexikon", sage ich etwa 140 Jahre später dem verblüfften Vertreter ins Gesicht, „mit denen hat Eckermann soviel Ärger gehabt!" Ich liebe solche historischen Racheakte.)

Ein Erfolg des Buches ist ihm zu Lebzeiten somit nicht vergönnt. Ihn verbucht erst die zweite Hälfte des Jahrhunderts, als Eckermann tot ist. Aber er weiß um den Wert seiner Arbeit. „Die ‚Gespräche' haben nicht ihresgleichen", teilt er der Verlobten bereits einige Jahre vor dem Erscheinen mit. Dies Gefühl lässt Niedriges ertragen und gibt in vielerlei Hinsicht Souveränität.

Als der Lyriker Ferdinand Freiligrath ihm im Oktober 1844 sein radikales „Glaubensbekenntniß" schickt, steht der alte Goethejünger zu dem politisch Verfemten. Er denkt nicht daran, sich von Freiligrath zu distanzieren. Der Sonderling mit den vierzig Vögeln nimmt nicht mehr viel Rücksicht auf die öffentliche Meinung. Er ist ihr auf seine Weise entkommen.

Goethe-Tagung 1997. Im geschichtsträchtigen Volkshaus liest Martin Walser aus seiner Eckermann-Novelle „In Goethes Hand". Einige Mitglieder der

Goethe-Gesellschaft bringen Unmut über den Auftritt des Anklägers zum Ausdruck. Hat der Autor des kleinen Buches es wirklich gut gemeint mit Eckermann? Ist er ihm und seinem Mentor gerecht geworden in seinem Urteil über das vermeintlich gnadenlose Abhängigkeitsverhältnis des jungen Mannes zum wohlhabenden Minister am Frauenplan, fragen sie. Hat der alte Dichter eventuell doch weiter gedacht als Walsers literarischer Spürsinn reicht? Wusste er um die Sprengkraft eines besoldeten Sprachrohrs namens Johann Peter Eckermann? Würde derselbe Autor Martin Walser nicht von Lesung zu Lesung hetzen, um in den Saal zu rufen: „Er hat ihn dafür bezahlt! Eckermanns ‚Gespräche' sind nichts anderes als hochbezahlte Propaganda aus Goethes und der großherzoglichen Schatulle. Lobhudelei ersten Ranges. Ein Skandal!"? Ahnte Goethe die forschen Eckermann-Detektive voraus und entschied sich wohlwissend in seinem und Eckermanns Interesse für das „persönliche Modell ohne Pensionsanspruch"? Ausgeschlossen ist es nicht.

Goethe in dieser sensiblen Frage kalten Eigennutz oder gar Naivität zu unterstellen, ist in der Tat naiv. Er muss genau um Eckermanns Rolle gewusst haben und vor allem darum, was auf dem Spiel steht. Karl von Holteis Bemerkung, Eckermann sei „vielleicht der Einzige in Goethes nächster Umgebung geblieben", der „seine Freiheit siegreich bewahrt" und deshalb „in äußersten Fällen, dieser selbständigen Freiheit zu Ehren männlich trotzen konnte", deutet auf eine ganz andere Rolle des „Gehilfen" hin. Es ist mehr als wahrscheinlich, dass Goethe diesen jungen

Mann wollte und keinen abhängigen Sekretär. Womöglich trifft der Journalist Klaus Harpprecht gar den Nerv des Problems, wenn er in der „Zeit" anlässlich eines Blicks auf die Chronik des Goethe-Lebens, „das", nach Harpprechts Meinung, „seinesgleichen unter den Deutschen nicht hatte, nicht vor, nicht nach ihm", feststellt: „Martin Walser und Konsorten hassten den Alten nicht ohne Grund."

Hatte Eckermann das bessere Teil erwählt? Wogen Freude und Stolz dieser einzigartigen Lebenserfüllung an der Seite Goethes Hannchens Drängen und alle freundschaftliche Besserwisserei auf? Es gibt solche Lebensentscheidungen, und auch wenn man berücksichtigt, mit wie viel Bedrängnis sie im Detail verbunden sein können: nur sie garantieren Erfüllung und Sinn. „Und er, dein Vater, er gehört für immer dazu", tröstet die Eckermann-Biographin Jutta Hecker den Sohn Karl durch den Mund des Freundes James Marshall, als beide hier am Grab über die Rolle des Vaters nachsinnen. –

Eine ganze Weile beobachte ich die gut gekleidete Dame auf ihrem Gang über den Historischen Friedhof. Der Weg zum Eckermann-Grab neben der Fürstengruft scheint ihr vertraut. Gemächlich und ohne den Anschein einer geringsten Unsicherheit nähert sie sich der Ruhestätte des Winseners, dessen Gattin sie soeben unten an der Ostmauer besucht und deren Grab sie mit einer Rose versehen hat. Auch Eckermann bekommt seine Rose, ganz so, wie ich es von meinem zufälligen Beobachtungsplatz aus am Brunnen vermutet habe.

Was mag das nächste Ziel sein? Wem der kleine Blumenstrauß gelten, den die offensichtlich bestens für den Friedhofsbesuch vorbereitete Dame in der Hand hält? Ich ahne es! Sie wird von Eckermann aus ihren Weg um die Fürstengruft herum fortsetzen, um vor der Russisch Orthodoxen Grabkapelle ein weiteres Grab aufzusuchen. Seit wenigen Wochen ruht hier, zurückgekehrt in den Schoß ihrer Familie und nun selbst „im Schatten Goethes", jene Weimar-Chronistin, deren soeben erwähnte Eckermann-Novelle dem Jungen aus der Heide, seiner Frau Johanna und dem Sohn Karl auf liebevollere Weise als Martin Walser es vermochte, weitere Unsterblichkeit verlieh. Und meine Vermutung täuscht nicht. Schon schmückt auch Jutta Heckers Grab ein besonderer Blumengruß.

Was soll ich mich zurückhalten? Menschen, die, von Hannchen Eckermanns Grab kommend, zu ihrem Johann Peter aufsteigen, um schließlich bei Jutta Hecker zu verweilen, gehören zu meinen liebsten Zeitgenossen. Ich würde diesen Unbekannten ohne Zögern einige tausend Euro leihen, mein Auto übergeben oder bei Bedarf die Wohnung mit ihnen teilen. Es kann kein Fehl an ihnen sein. Würden sie sonst den „Eckermann-Weg" kennen?

So ist das Geheimnis der freundlichen Dame bald gelüftet. Schon als Abiturientin geriet sie in den sanften Bann der Klassikerstadt. Die Abschlussfahrt hatte sie nach Weimar geführt, wo Max Hecker, Mitarbeiter im Goethe- und Schiller-Archiv, den jungen Damen nicht nur Handschriften des Dichters zeigte, sondern ihnen auch auf unvergessliche Weise am Beispiel von Goethe-Gedichten den Wechsel des Versmaßes und seine Bedeutung demonstrierte. Spätere Freundschaft mit Jutta Hecker, der Tochter des Archivars und Mitherausgebers der Weimarer Goethe-Ausgabe, macht die Reisen von Kassel an die Ilm zur lieben Gewohnheit. Und die Stadt zieht auch nach dem Tod der Freundin. Es stellt sich seit jener Abiturreise bis heute ein, jenes „wundervolle mächtige Gefühl", wenn Jakobskirchhof, Historischer Friedhof, Esplanade und Frauenplan, Herderkirche und Altenburg in Augenschein genommen werden. Längst können wir auf den Friedhöfen die gegenseitige „Rosenspur" verfolgen, wenn einer von uns beiden hier war (es gibt natürlich nicht nur den „Eckermann-Weg" zur Fürstengruft, viele weitere Weimar-Lieblinge wollen ebenso bedacht sein!), und manchmal tragen wir sogar einen stummen Gräberkrieg aus, wenn die Meinungen über die Rosenwürdigkeit eines wohl zu bedenkenden Grabes auseinandergehen, was allerdings selten vorkommt und in der Regel nur Goetheaner betrifft, die in jüngerer Vergangenheit hier ihre letzte Ruhestätte fanden. „Dann bekommt er von mir eben zwei Rosen!", bescheidet sie mich gern mit schalkhafter Generationsüberlegenheit, wenn es einem Grabkandidaten meiner Einschätzung nach an historischer Liebenswürdigkeit vor oder nach 1945 mangelt und er von mir deshalb nicht bedacht werden soll. –

Nie geht sie mir an Eckermanns Grab aus dem Kopf, die Geschichte mit dem vierkantigen Syrupglas, das Vater und Sohn in ihrer ohnehin überladenen Hökerkiepe als gemeinsamen Schatz mit sich über die Heide führen, um abends in der Herberge daraus nach aller Mühsal und Kränkung des Tages ihr klebriges kleines Glück zu schöpfen. Eckermann-Jünger (es gibt sie, vielleicht mehr als man denkt!) wissen, wie sie weitergeht, die kleine Geschichte. Sie soll auch hier stehen, könnte es doch einen Leser geben, der sie nun doch nicht kennt. Und das wäre schade.

Nachdem das vierkantige Syrupglas mit seinem „dicken Saft" an dem „glänzenden Pfannenkuchen" in der Herberge seinen Dienst getan hat „und ein Bissen nach dem andern so recht köstlich hinunter zu gleiten wußte", sucht Vater und Sohn schließlich die Müdigkeit heim. „... und wenn wir so erquickt und gelabt und die Magd uns ein Lager von duftendem Stroh gemacht hatte, so legten wir uns nieder und rasteten unsere müden Glieder. Mein Vater pflegte dann auf dem Lager gemütlich ein Pfeifchen zu rauchen, und ich drängte mich mit kindlicher Liebe recht dicht an ihn heran und schlief süß ein", erinnert er sich.

Vielleicht hat er auch am 3. Dezember 1854 an Syrupglas und Strohsack denken müssen. Es sind ja wenig Erinnerungen, die noch auf dem Sterbebett glücklich machen können.

Es war ein Sonntag und somit für die beiden Händler gar ein Ruhetag mit langem Schlaf und vielleicht einer Extraportion aus dem Glas. Aber kein Vater war da, an den man sich hätte anschmiegen können, als die Vögel verstummten und der Tod ins Zimmer trat. –

Bilde ich mir wirklich ein, der kleine Buchfink auf dem Obelisken, der Eckermanns Grab zieren und gleichzeitig von des Großherzogs Carl Alexanders vergessenem Ruhm künden soll, könnte mein flötendes Werben verstehen, sich mir nähern, sich gar auf meine Schulter setzen? Ich weiß, dass er es nicht tun würde, selbst wenn ich ihm die schönsten Varianten seines deutlichen zi zi zi zi zieh zieh zieh ziebrie böte. Der Volksmund hat dem hellen Trillern, das der verliebte Werber seinem anfänglichen pink pink pink pink pink folgen lässt, seit vielen Jahrhunderten eine Übersetzung gegeben. „Kommst du nicht bald, mein lieber Bräutigam?", lautet sie, und ich kann mich nicht satt hören an dem sich mehr und mehr steigernden Gesang. Für eine Weile wendet der kleine Sänger sogar seinen Schopf zu mir und mustert mich. Dann hebt er sich überraschend in die Luft und gleitet über das duftende Grün der Frühlingsblüten in Richtung Ostmauer.

Bevor es in Gruft und Kapelle geht, noch schnell ein paar Rosen für die Lieben ganz in der Nähe: **Max Hecker**, der Goethe-Archiv-Sachwalter über Jahrzehnte, bekommt eine Rose für die Gedichte, die er abends seinen Kindern beim Zubettgehen vortrug, wovon seine Tochter Jutta später so liebevoll berichtet hat („Wenn wir Kinder abends in unseren Betten lagen, dann ging mein Vater, während er nochmals lüftete, im Zimmer auf und ab und deklamierte leise Gedichte: Balladen, Sonette, Volkslieder – was ihm so einfiel ..."), und seine Tochter **Jutta Hecker**, die inzwischen wieder bei der Familie schläft, muss eine Rose für „ihren"

Eckermann und all die anderen unverzichtbaren Weimar-Werke haben; **Eduard Scheidemantel** hat das Kassengewölbe auf dem Jakobskirchhof und das schöne Kirms-Krackow-Haus für die Nachwelt gerettet, das ist mehr als eine Rose wert. **Werner Deetjen** bekommt sie für seinen mutigen Brief als Präsident der Deutschen Shakespeare-Gesellschaft zugunsten des ausgestoßenen (aber 1938 noch in der Deutschen Shakespeare-Gesellschaft als Mitglied geführten!) ehemaligen jüdischen Direktors des Goethe- und Schiller-Archivs Julius Wahle; Verleger **Gustav Kiepenheuer** hat Anspruch auf eine Rose für seinen und Wilhelm Bodes Band „Damals in Weimar"; **Hans Wahl** für die Wiedereröffnung des Goethe-Nationalmuseums am 28. August 1945, und ganz in der Nähe bekommt **Louis Fürnberg** eine Rose für sein „wundervolles mächtiges Gefühl", das er 1951 beim ersten Besuch in Weimar ins Tagebuch eintrug. Auch **Heinrich Lilienfein** sieht mit erwartungsvollem, wenn auch steinernem Blick seiner Rose entgegen. Der ehemalige Sekretär der Deutschen Schillerstiftung erhält sie für seine großzügige Unterstützung des verarmten Schriftstellers Johannes Schlaf, dem der Nobelpreisträger Paul Heyse und der Schriftsteller Felix Dahn das winzige Überlebensstipendium der Schillerstiftung nicht gönnten und das Lilienfein später durchsetzte.

„So schreitet in dem engen Bretterhaus / Den ganzen Kreis der Schöpfung aus", rät der Theaterdirektor im Vorspiel des „Faust". Kann man dem im Schatten des Euphrosyne-Denkmals ruhenden Weimarer Schauspieler-Adel der **Marie-Seebach-Stiftung** Besseres wünschen? Unzählige Rosensträuße legte man ihnen zu Lebzeiten auf der Weimarer und auf den Bühnen der Welt zu Füßen. Jetzt muss eine reichen.

Von den drei „Großen" war **Schiller** als erster hier! Dass **Herzog Carl August** ihn das gemeinsame Totenhaus eröffnen lässt, wundert mich bis heute. Der Kampf gegen Schillers Gesinnung, das herzogliche Mauern und Kritteln gegenüber seinen Stücken – was hat es die Weltliteratur gekostet? Wie viel Sätze, die noch heute von Mund zu Mund gehen und unsere Bühnen und Lesebücher beglücken könnten, mögen uns in Schillers Stücken vorenthalten sein, weil „die innere Schere Carl August" sie dem abhängigen Schreiber vor der Niederschrift seiner Gedanken herausschnitt? Muss man Hölderlins „Was aber bleibet, stiften die Dichter" ein „Was aber fehlet, verhinderten die Despoten" hinzufügen?

Von Dänemark aus musste das menschenwürdige Weimarer Überleben Schillers in den letzten Jahren organisiert werden, und zwar mit Hilfe von jährlich 1000 Talern, „ohne ihm dafür die geringste Verpflichtung aufzuerlegen", wie Friedrich Hebbel betont. „Das werde nimmer vergessen; in Deutschland wäre es keinem Fürsten in den Sinn gekommen", fügt Hebbel hinzu.

Es war Carl Augusts Wunsch, neben Goethe und Schiller zu ruhen. Ein kluger Wunsch. Man tut gut daran, in die Nähe der Dichter zu kriechen, wenn man nicht vergessen sein will. Und so eitel ist man. Wie nachdenklich mutet es an, dass Carl Augusts Nachfolger Carl Friedrich „wenig damit einverstanden" war und viele der übrigen Souveräne in Deutschland bedenklich den Kopf schüttelten über solche Grabgemeinschaft. (Heute haftet den übrigen Särgen längst ein von Besuchern gleichgültig zur Kenntnis genommener „Ich darf auch hier stehen"-Nimbus an.) „Schau das Totengebein in der Gruft an, zeig mir die, die zum Adel gehören!", höhnte Michel Beheim, vergessener Lyriker des 15. Jahrhunderts, in seinem Gedicht „Von hoffart dez adelz gepurt".

In der Weimarer Fürstengruft könnte Beheim fündig werden! Durchaus legen einige der Särge zumindest Zeugnis ab von der „hoffart dez adelz todt".

Carl August, der für die Kulturgeschichte so segensreiche Despot, ist auf seine Weise auch nicht frei davon. Groß und klobig wie sein Jagdwagen draußen in Belvedere wartet sein Totenkasten neben dem der auch hier eher vernachlässigten Gattin Luise auf. Die Nachfahren haben unbewusst ein Händchen dafür, uns für den Tod so zu kleiden, wie wir bevorzugt im Leben stolzierten. Jede Todesanzeige, jede Beerdigung, jedes Grab beweisen es ja bis heute.

Tue ich „einem der größten Fürsten, die Deutschland je besessen" (Wilhelm von Humboldt über Carl August) Unrecht, wenn ich an die trotz aller geschichtlichen Prämissen mit unseren Augen betrachtet fragwürdige Rolle jener Herrscher vergangener Zeiten erinnere? Bleibt nicht, man mag es romantisieren wie man will, eine historische Peinlichkeit dieser Rolle (man bedenke dies auch im Namen seiner eigenen bittstellenden Vorfahren), die uns, nimmt man es genau, Erich Honecker vielleicht näher stehen lässt als den an und an gütigen, gerechten, wohlwollenden Despoten? Bei allem Respekt vor Carl Augusts Verdiensten, seiner Goethe-Freundschaft, seiner „väterlichen Regierung" (die, nach dem Zeugnis der Madame de Staël, Würde, Charakter und das Recht zum Interesse an politischen Dingen für seine Untertanen allerdings nicht vorsieht) – es bleibt ein Unbehagen. Das gilt auch angesichts des notwendigen historischen Kompliments, dass er unter seinen damaligen Standesgenossen in ganz Europa „wie eine markige Eiche" dastand.

Dennoch, und zum Ausgleich für die Demütigung der unmündig gehaltenen eigenen Vorfahren nunmehr mit historisch ererbtem Anspruch genossen: Wie oft verdanken wir dem fürstlichen „Stolzieren" Großes! Gehört **Maria Pawlownas** russisch-orthodoxe Grabkapelle nicht auch dazu? Wer wollte ihr zumuten, den hellsten aller Morgen in protestantischer Dunkelheit zu erwarten, wo doch das Licht, das nicht aus Wittenberg oder Rom kommt, sondern aus der Heimat der nach Weimar verschlagenen Zarentochter, sie zuerst besucht? Baumeister Coudrays Nachfolger Streichhan hat dafür gesorgt, dass der Gruß aus dem Osten jeden Morgen seinen ersten Kuss auf ihr kaiserliches Totengemach haucht. Fünf vergoldete Türme, allen Baumkronen an Glanz und Höhe überlegen, ziehen die Strahlen so zielstrebig auf ihr Haus, dass die ganze überwiegend protestantische Friedhofsversammlung vom Großherzog bis zu Johanna Eckermann das Nachsehen hat. Und traut ein Baum sich doch einmal hervor, um der erste zu sein, weist das alles überragende orthodoxe Kreuz auf dem höchsten der fünf Türme ihn sanft zurecht und erinnert ihn daran, dass es eine Zarentochter ist, die hier schläft. An den nach seiner Auferstehung tan-

zenden Christus soll der Schrägbalken im orthodoxen Kreuz erinnern, sagt die Überlieferung.

Ja, es ist ein Frauenhaus, dieses russische Stück
Weimar. Und vielleicht sollte man die bekanntesten
Weimarer Tänzerinnen, Christiane und Ottilie von
Goethe, Caroline Ulrich und vielleicht sogar die
kleine Alma von Goethe, die schon mit Fünfzehn
auf keinem Ball fehlte, ins kaiserliche Totenhaus aufnehmen, damit das Licht auch sie rechtzeitig wecken
kann, wenn an jenem hellsten aller Morgen der
Bräutigam die klugen Jungfrauen zur himmlischen
Hochzeit lädt. Kann man sich einen heitereren Auf-
erstehungsschlummer vorstellen? Und unter wessen
Aufsicht ließe sich in diesem Frauenhaus bis dahin
besser schlafen als unter der, die das bescheidene
Türschild verrät: „Kirche der Heiligen Apostel-
gleichen Maria Magdalena." Maria Magdalena, die
weiblichste aller biblischen Gestalten. Von sieben
Dämonen hatte Jesus sie befreit. Was das wohl für
Dämonen gewesen sein mögen? Man darf gar nicht
darüber nachdenken. Sie jedenfalls wich ihm bis zu
seinem Ende nie wieder von der Seite, und am
Ostermorgen war sie als erste zur Stelle.

Herrlich würden die Genannten unter ihrem
Matronat ruhen. Und vielleicht würde gar das Experiment des Lichts, das all den Seraphim und
Cherubim, den Engeln aller Ordnungen (gleichgültig, ob sie bei der Erschaffung der Welt dabei waren
oder nicht, worüber sich die alten Gelehrten bekanntlich erbittert stritten bis hin zu der respektlo-
sen Behauptung des Thomas von Aquin, dass sie ja
vor der Erschaffung von Himmel und Erde zwecklos

würden herumgestanden haben), so große Freude zu machen scheint, dass sie den Urmorgen an jedem Tag noch einmal durchexerzieren. Niemand in Weimar scheint auf das tägliche Experiment besser vorbereitet als Maria Pawlownas vergoldete Kuppeln. Kein winziger Vorstoß des Lichts entgeht ihnen.

Noch immer aber geht die eigentliche Würde der Stätte von den beiden Särgen aus, in denen **Schiller** und **Goethe** ruhen. Kaiser, Könige, Kanzler und Kommunisten beugten sich ihr und suchten ihren Glanz. Bis heute ergreift sie den Besucher, der die Stufen zur Gruft hinabsteigt. Sie bewährt sich sogar, als amerikanische Truppen und wenig später Rotarmisten in Weimar einziehen. Der russische Dichter Jewgeni Dolmatowski hat die Ehrfurcht der Sowjetmacht vor den großen Namen festgehalten: „„In dieser Stadt liegt Goethes Grab!'/ Hör ich den Oberst zu den Leuten sagen. / Die Kämpfer der Brigade ‚Puschkin' springen ab / Von ihren ruhmumwobnen Panzerwagen / und treten schweigend an den heil'gen Ort. / Und in der Friedhofsstille fällt kein Wort", beschwört der Parteidichter in gewünschtem Heldenpathos die Szene.

Die Wirklichkeit ist keineswegs feierlich. Aber tatsächlich erweisen Amerikaner und Russen den Särgen einen Respekt, den man dem verlogenen Weimarzerstörer Hitler nicht nachsagen kann. Wie hat er der alten Stadt mit brutalem Bauwerk bis heute sichtbare Folterwunden ins Gesicht gebrannt. Im März 1945 wollte er die Särge mit dem großdeutschen Trümmerhaufen natürlich auch in die Luft jagen.

Eine neue Macht, freundlicher, effizienter und unbestechlicher, hat inzwischen allerdings ihre Fühler nach den Särgen ausgestreckt. Mit der ihnen eigenen lächelnden Unerbittlichkeit des Objektiven greifen die Medien, die schönsten Übel aus der Büchse der Pandora, nach der ruhigen Stätte. Noch verschont das Goethe-Nationalmuseum die Welt mit den „sprechendsten" der 56 nummerierten Bilder des Leichnams, die von den Pathologen am 2. November 1970 nach der Sargöffnung angefertigt wurden.

Wie weh tat es den meisten Betrachtern, auf den im März 1999 erstmalig um die Welt gehenden Bildern anstelle der von Gretchen im „Faust" besungenen „Augen Gewalt" und „seines Mundes Lächeln" die stierenden Höhlen des Todes und anstelle der „edlen Gestalt" nach fast hundertvierzigjährigem Schlaf ein mit Seifenwasser gereinigtes Skelett sehen zu müssen. Aber wie lange wird es dauern, bis jede Biographie und jede Goethe-Seite im Internet über das jetzt noch schweigende Entsetzen verfügt?

Albrecht Schöne, Faustpapst und Verfasser einer literarischen Studie über „Schillers Schädel", hat das Gespenst, das der Welt bevorsteht, bereits beschworen. Das Geheimnis, das die Natur nach einhundertvierzig Jahren Totenruhe preisgeben wird, ist, so Schöne, nichts weniger als „das einzige Abbild seiner äußeren Erscheinung, das uns nicht die von eigenwilligen Augen gelenkten Hände der Zeichner, Maler, Bildhauer übermittelt haben." Und Schöne weiß: „Ohne Zweifel wird es eines Tages ... unser Goethe-Bild verändern, nicht allein das visuelle." Georg Melchior Kraus, Johann Heinrich Wilhelm

Tischbein, Angelika Kauffmann, Karl Gottlieb Weisser, George Dawe, Joseph Karl Stieler und Johann Joseph Schmeller, Maler und Bildhauer, die uns den Dichter zu seinen Lebzeiten noch mit ihren „von eigenwilligen Augen gelenkten Händen vorführten", haben Konkurrenz bekommen von einem Kollegen, den der Betroffene zu Lebzeiten schon fürchtete und als „sehr mittelmäßigen Porträtmaler" eingestuft hatte: dem Tod.

Unter der Fußnote „Fotos von Goethes entstellter Leiche" schildert Schöne das entsetzliche und gleichzeitig große Ausmaß der visuellen Götterdämmerung, die der unermüdliche Prediger der Metamorphose, Goethe, als sein wirklich „allerletztes großes Werk" für uns bereit hält. Noch ist es nicht herausgegeben. Und die im März 1999 von einigen lüsternen Medien bereits präsentierten Fotos des Leichnams muteten dem Auge lediglich das gerade noch „erträgliche", das „gereinigte" Skelett zu und ersparten das Zeugnis der Metamorphose, das sich dem Fotografen unmittelbar nach der Sargöffnung bot. (Allerdings nur deshalb, weil sie nicht in den Besitz der Bilder gelangten!) Doch „Goethes Verleger" stehen vor der Tür!

„Körperlichkeit ist das Ziel der Wege Gottes", stöhnte der weise gewordene Philosoph Friedrich Wilhelm Schelling, nachdem er die Welt mit einer anspruchsvollen Philosophie der All-Einheit, einer Verschmelzung von Individuum und Natur berauscht hatte und als einsamer Witwer feststellte, dass der Mensch fehlt, wenn er uns genommen wird und nicht das „All" und dass jede Allverschmelzungsphilosophie, jedes philosophische Tändeln um Werden und Vergehen in den

Wert einer lediglich spielerischen Bedeutung gerät. (Wir vermögen ja durchaus Jahrzehnte auf unseren Lehrstühlen zu „spielen", und nicht umsonst heißt es in dem beruhigendsten Büchlein, das die Weltliteratur kennt, in Jean Pauls „Schulmeisterlein Wuz", dass ein himmlischer Inspektor, der das irdische Treiben einmal genauer unter die Lupe nähme, „in unsern Kollegien und Hörsälen keine Geschäfte, sondern nur Spiele" fände!)

Malen wir deshalb für eine Minute ein Bild, das jener „Körperlichkeit" inmitten der Särge in der Weimarer Gruft noch einmal verpflichtet ist. So soll es aussehen:

Was würde geschehen, wenn ein junger oder alter Goethe seine Kleider ordnete, den Blick zum ebenfalls erwachten Schiller und dann zur Treppe gewandt (das Gebäude, in dem man sich befindet, kennt er nur zu gut, er hat es mit Baumeister Coudray selbst entworfen), mit einem „Unverdrossen fortan" dem Ausgang zueilte und schließlich nach langem Schlaf in die geliebte Sonne blinzelte?

„Er war doch eine Narretei, dieser Tod!", wird er vielleicht sagen und sich sogleich seiner ebenfalls wiedererwachten Namenstechnik bedienen, die schon Zeitgenossen als Goethes und Schillers „pöbelhaftes Deklinieren der Eigennamen" brandmarkten: „Lassen Sie uns nach Meyern und Riemern sehen. Wir wollen auch sie wecken. Und all die anderen.

Ich werde Ihnen Eckermann vorstellen müssen, einen hoffnungsvollen jungen Mann", wird ihm einfallen. „Ich verdanke ihm viel in den Jahren meiner Abwesenheit und bin sicher, ihn hier in meiner Nähe zu finden!", wird er sagen. „Und meine Gattin Christiane, drüben auf St. Jakobs Kirchhof, muss man wecken. August in Rom, Ottilie und die Kinder, sie werden gewiss hier in der Nähe sein, man soll sie rufen." Und, sich Carl Augusts erinnernd: „Den Großherzog lassen wir vorerst weiterschlafen. Wir haben gute Jahre gehabt, und auch ihm verdanke ich viel. Nun aber mag es wohl gar schlecht mit ihm angehen. Niemand wird ihn brauchen. Wir wollen zur rechten Zeit sehen, wie wir dem Freund helfen können."

Und mit noch unsicheren Schritten und verwunderten Blicken hin und her sieht man beide schließlich unter den Linden die Friedhofsallee in Richtung Frauenplan und Esplanade hinabgehen.

Mit dem Jugendgefährten Dieter sitze ich auf der Bank neben der Gedenkkapelle für die Gefallenen am Eingang des Historischen Friedhofs. Eine Bronzetafel an der Südseite des Gebäudes, das eher wie ein unstimmiges Requisit durch einen zerstreuten Kulissenschieber auf die Bühne des malerischen Friedhofs gelangt zu sein scheint, erinnert an die 344 Weimarer, die 1871 trotz der zum letzten Mal erfolgreichen deutschen „Campagne in Frankreich" nicht zurückkamen.

Vor vielen Jahren spürten wir beide als Studenten Goethes Straßburger Freund Jung-Stilling in seiner Siegerländer Heimat um Hilchenbach nach; schliefen in unserem klapprigen VW auf der Stillings Elternhaus nahen Ginsburger Heide, wo Wilhelm von Oranien 1572 seine zwanzigtausend Söldner für die Befreiung der Niederlande zusammenzog; tranken viele Jahre später dem „betrunkenen Shakespeare"

Grabbe in Detmold hinterher; schwiegen mit dem verzweifelten Lessing, der es auch einmal so gut haben wollte wie andere Menschen, in dessen Wolfenbütteler Wohnzimmer über den Verlust von Frau und Kind und blickten im Porträttempel des alten Gleim in Halberstadt seinen dort noch immer versammelten einhundertfünfzig Gästen ins historische Auge. Und manchmal führt der Weg uns gemeinsam nach Weimar.

„Was ist das Geheimnis seiner Person? Was ist das Besondere an ihm?", fragt mein Begleiter, während ein etwa Zehnjähriger von der Fürstengruft aus auf seinem Tretroller die abschüssige Lindenallee hinab- und auf unsere Bank zurast. Die beiden jungen Frauen, zu denen er gehört, haben vergeblich versucht, ihn zurückzuhalten. Wir sind heimlich auf seiner Seite und stacheln ihn zu einem zweiten „Ritt" an, obwohl wir kurz darauf seinen Begleiterinnen gegenüber scheinheilig unsere entrüstete Erwachsenensolidarität bekunden. (Dabei würden wir ihn am liebsten bitten: „Lass uns auch mal fahren!")

Dass einer dem Glück ganz nahe gewesen ist, vielleicht gefällt uns das, antworte ich. Es begann ja bereits mit sechzehn Jahren in Leipzig, wo er sich zum ersten Mal restlos begeisterte. Und nie ließ ihn diese Begeisterung für das Leben wieder los, nicht bis zum letzten Atemzug um halb zwölf Uhr dort oben in dem grünen Lehnstuhl im Schlafzimmer am 22. März 1832. Die „himmlischen Mächte", von denen er so gern sprach, hielten sich ihn als Glücksmodell, trotz aller „Pein" und aller „Schuld", in die sie ihn selbstverständlich auch verwickelten. Und er hat es gewusst.

Und als der Vierundsiebzigjährige, im tiefsten Sinne des Wortes leidenschaftlich in die neunzehnjährige Ulrike von Levetzow verliebt, in der Reisekutsche schrieb, „... der ich noch erst den Göttern Liebling war", auch da wusste er genau, dass es nichts weniger als vorbei war und dass sie ihm auch diesmal wieder „alle Freuden, alle Schmerzen" „ganz" zumuten würden. Und vermutlich hätte er nicht eine Sekunde mit irgendeinem Menschen auf der Welt tauschen wollen.

Dass einer dem Glück, dem, was uns Menschen möglicherweise zustehen könnte, so nahe kam, das vielleicht ist das eigentliche Geheimnis seiner Person. Dichterfürst, überragende Gestalt der deutschen Literatur, bedeutendster Repräsentant der Klassik, Verfasser eines der größten Werke der Menschheit, all diese Lexikonbeschreibungen einschließlich weltweiter Goethe-Gesellschaft, einhundertdreißig Jahren Goethe-Jahrbüchern, unzähliger germanistischer Lehrstühle mit unübersehbarer Goethe-Forschung und Goethe-Instituten über die ganze Erde – alles wichtig und alles gut. Aber, so hat er ja selbst gefragt: „Wozu dient alle der Aufwand von Sonnen und Planeten und Monden, von Sternen und Milchstraßen, von Kometen und Nebelflecken, von gewordenen und werdenden Wolken, wenn sich nicht zuletzt ein glücklicher Mensch unbewußt seines Daseins erfreut?"

Noch seinen Gebeinen dort in der Gruft haftet etwas von dem Glück an, das einmal in ihnen wohnte, das ihn in Leipzig aufjauchzen ließ, das ihn in Straßburg nachts aufs Pferd und nach Sesenheim zu Friederike trieb, das ihn als jungen Wanderer zu den

Empfindsamen nach Darmstadt zog, das ihn in Wetzlar Lotte Buff unsterblich nachstellen ließ, das ihn hier in Weimar abends aus dem Trubel der Stadt über die schmale Ilmbrücke in seine Gartenhauseinsamkeit zurückführte, das ihn in Rom im Kreis seiner staunenden Freunde zum aufmerksamsten Genießer der ewigen Stadt machte und das ihn im Hinterzimmer am Frauenplan mit über achtzig Jahren seinen „Faust" fertigstellen ließ. Und natürlich hätte es auch schiefgehen können, dieses Glück. Vor allem in den jungen Jahren, als nichts sicher war. Wie leicht hätte er allein mit dem Risiko, das sein „Werther" barg, zum Gespött seiner Generation werden können. Aber es gelang! Und hielt bis zum Vormittag des 22. März 1832, an dem die himmlischen Mächte ihm die Feder behutsam aus jener Hand wanden, die „unnachahmlichen Reiz über jedes Blatt ausgegossen", auf das sie sich gelegt hatte.

So ist es im Grunde Neid, bester, verliebter Neid, der uns zu seinen Verehrern macht. Ja, es ist Neid, der Millionen an seinen Sarg führt. Glücklicher Glücksneid vielleicht, wenn es das Wort geben kann. Und sein leichtfertiges Altersgerede zu Eckermann von den nicht einmal „vier Wochen eigentlichem Behagen", die im Laufe seines langen Lebens zu vergegenwärtigen seien: nichts anderes als Stimmungstrug, Situationsschwermut ohne Wert, Floskelweisheit, die jeder Mensch jederzeit für sich in Anspruch nehmen kann, wenn ihm danach ist.

Keiner hat wie er das Glück, das uns Menschen möglich ist, so oft und so tief genossen. Die übermütige Rebellion gegen das Schicksal in dem Gedicht

„Rastlose Liebe" ist nur zu ernst gemeint. „Lieber durch Leiden möcht ich mich schlagen, als soviel Freuden des Lebens ertragen!", hat er den himmlischen Mächten dort ins Gesicht gelacht. Da war er sechsundzwanzig. Und dieses Lachen hat ihn bis zuletzt nicht verlassen. Eckermann hat es noch am nächsten Tag auf dem Antlitz des Toten entdeckt. Schellings Gedanke nach Goethes Tod, dass Deutschland groß war, solange Goethe lebte, birgt in all seinem Pathos einen herrlich wahren Kern. Gegen alle nationalen Trottel, Spinner, Totschläger und Parodisten, aus deren Mund solch ein Wort wie Frevel klingt, kann man es auch heute noch aussprechen: Deutschland ist groß, weil Goethe war.

Und nun liegt er dort in der Gruft. Und es ist eigenartig in seiner Nähe. Nichts Christologisches, nichts Mystisches umgibt seinen Sarg. Aber doch etwas Besonderes. Es ist einfach schön, dass einer wie er einmal da war. Dass die Natur ihn hervorbrachte. Und dass die himmlischen Mächte, wenn er schrieb, für einen Augenblick eine Pause machten bei ihren Nachstellungen gegenüber unserem Geschlecht. Und dass er zu Schiller fand, dem Ebenbürtigen, und dass beide hier zusammen ruhen – auch das ist schön und groß.

„Aber was ist bei seinen Schwächen, mit Teplitz und Beethoven zum Beispiel, bei all den anderen Kleinheiten, von denen auch seine Lebensgeschichte strotzt?", gibt der alte Freund und Goethe-nüchternere Begleiter Dieter zu bedenken.

Vielleicht hat er selbst eine Antwort darauf versucht in seinem berühmten Wort: „Alle menschliche Gebrechen / Sühnet reine Menschlichkeit", sage ich. Und darin, in jener „reinen Menschlichkeit", war er ein Meister, der noch von gegenwärtigen Widersachern und Kritikern wie Martin Walser oder Tilman Jens panisch verschwiegen werden muss, wollen sie nicht Schaden an ihrer eigenen Seele nehmen. Ein wenig wird für seine „Klein- und Feigheiten" auch gelten, was er in „Dichtung und Wahrheit" dem bewunderten Lessing bescheinigt, nämlich dass dieser „die persönliche Würde gern wegwarf, weil er sich zutraute, sie jeden Augenblick wieder ergreifen und aufnehmen zu können". Im Grunde hat er das große Wort, das er offiziell Lessing gönnt, für sich gesagt. Denn wie kein anderer traute er sich selbst zu, die „weggeworfene Würde" in jedem Augenblick wieder ergreifen zu können. Er hat es oft genug praktiziert. Und es stimmte.

Einer, der dies gewusst hat, war Beethoven. Und auch das wird ein Grund sein, weshalb er viele Jahre nach der Begegnung mit dem Dichter einem Besucher verbietet, in seiner Nähe geringschätzig über Goethe zu reden und einem anderen, der seine Frage „Sie kennen also auch den großen Goethe?" bejaht, begeistert von den Tagen in Teplitz erzählt, obwohl sie ihn in Wirklichkeit Schmerz und Ernüchterung gekostet haben. „‚Ich war damals noch nicht so taub wie jetzt: aber schwer hörte ich schon‘, berichtete Beethoven dem Besucher und fuhr fort: ‚Was hat der große Mann für Geduld mit mir gehabt! was hat er an mir getan ... Wie glücklich hat mich das damals gemacht! Totschlagen hätt ich mich für ihn lassen und zehnmal ...‘" Das sagt einer, der ihm, dem großen Goethe, drei Ohrfeigen verpassen musste.

Immer wenn ich an ihm leide, ihm nicht mehr traue, wenn Neigung und Liebe mir albern erscheinen, lese ich Beethovens Zeugnis, und es geht mir wieder gut mit ihm, sage ich und winke dem gebändigt mit seinem Tretroller an der Seite der beiden Frauen abziehenden Zehnjährigen nach. Leider haben die forschen Damen ihn unter ihre Gewalt gebracht und ein weiteres „Rennen" über die Friedhofsallee verhindert.

„Irgendwo auf diesem Friedhof soll der Schriftgießer **Johann Gebhard Walbaum** liegen. Von ihm stammt die berühmte Walbaum-Antiqua", sagt mein Begleiter und schlägt vor: „Vielleicht erkennen wir ihn an seiner Schrift."

Tatsächlich finden wir an der Westmauer in der Nähe Charlotte von Steins die versteckte Visitenkarte des Meisters. Sie ist kaum noch zu lesen, während gleichzeitig Milliarden von Druckwerken das Wissen der Welt in seinem Gewande aufbewahren.

„Walbaums Beitrag zwischen Assyriens Keilschrift und Microsofts Word 2000 ist nicht gering", sagt mein Begleiter, der dem Zauber des Buchstabens und der Schrift seit Studientagen erlegen und auch beruflich ergeben ist.

Dass die verwitterte Grabtafel dem Namen des Meisters, den die Überlieferung nur mit einem „l" kennt, ein zweites zugesellt, fordert meinen Begleiter heraus. „Auch vor der Autorität des Schriftschöpfers scheint die unergründliche Ironie des Druckfehlers und der abweichenden Form nicht Halt zu machen", bemerkt er.

Ich erinnere an den Grabstein des ehemaligen Direktors des Goethe- und Schiller-Archivs Julius Wahle, der, im hohen Alter nach Jahrzehnten Dienst von der Goethe-Welt ausgeschlossen, 1940 auf dem jüdischen Friedhof in Dresden sein Grab fand. Der Steinmetz meißelte ausgerechnet bei demjenigen, der Tausende von Goethe-Handschriften entziffert hatte, das Wort „Goethe" falsch in den Stein. Und so steht es noch heute in Dresden auf seinem Grab: „Vormals Direktor des Goehte- u. Schiller-Archivs Weimar."

„Es muss eine eigene himmlische Abteilung geben, die all diese kleinen Abweichungen, Ausrutscher, Gemeinheiten organisiert", sagt mein Begleiter. „Anders sind sie nicht zu erklären. Die Liste solcher Beispiele lässt sich ja beliebig fortsetzen, auch im eigenen Leben. Und oft sind sie so gut oder zumindest so komisch, dass die Kraft des Zufalls als Erklärung einfach nicht ausreicht."

Den Schriftsteller Wilhelm Raabe soll lebenslang die Frage beschäftigt haben, ob das Schicksal zu grinsen in der Lage sei, sage ich. Man muss annehmen, es grinst sogar häufiger, als dass es lächelt, ernst blickt oder gar weint.

Übermütig stecken wir dem vergessenen Veteranen der Schriftgestaltung eine Rose hinter seine verblichene Visitenkarte. Das leuchtende Rot, ein vom Grabplatz der benachbarten Apothekerfamilie Hoffmann entwendetes blaues Veilchen und eine gelbe Narzisse, ausgeliehen vom unweit entfernten Büttnerschen Erbbegräbnis, liefern die Grundfarben, mit deren Hilfe wir dem alten Tüftler unter Verwendung seiner schwarzen Grabtafel fast eine Demonstration des Vier-farbdrucks ermöglichen.

„... denn in der Gestalt, wie der Mensch die Erde verläßt, wandelt er unter den Schatten", hat Goethe einem Toten nachgerufen, sage ich.

„Das jetzt ist wohl etwas zu viel des Grinsens!", bemerkt mein Begleiter und lacht.

Bevor wir uns auf den Rückweg machen, gehen wir am Hauptweg bei Goethes Schwager **Christian August Vulpius** vorbei. Wie mögen Sie sich angesprochen haben? Wie miteinander umgegangen sein? Beide kannten den Bestsellerruhm. Der „Chef" mit seinem „Werther" und, auflagenmäßig nicht weniger erfolgreich, Vulpius mit seinem „Rinaldo Rinaldini".

Konnte er seine Schwester Christiane beliebig besuchen? Oder ging es nur, wenn der Schwager außer Haus war? Haben sie manchmal über ihn Scherze gemacht, wenn er nicht in der Nähe war? Geschwister haben ja stets kleine Lebensgeheimnisse, die nur unter ihnen gelten. Etwas verwandtschaftliche Protektion war auch im Spiel. Als Riemer dem „ersten Bibliothekar Vulpius" gleichgestellt werden soll (diese Amts- und Titelrangeleien machen im Zwergenstaat Carl Augusts natürlich die Hälfte jeder Lebensgeschichte aus!), stellt Goethe sich schützend vor den Schwager: „Er wollte die Befugnisse des alten, ihm persönlich nahestehenden Beamten nicht geschmälert wissen." Erst 1827, nach Vulpius' Tod, kann Riemer den Posten haben.

In unserem Treppenaufgang hängen beider Porträts von Horst Janssen: das berühmte Goetheporträt mit den „drei Augen" und sein Schwager Vulpius mit dem „Drahtgesicht", nicht besonders ansprechend, aber schon deshalb muss man Janssen wieder lieben, dass er an ihn gedacht hat. Wir haben sie so ange- ordnet, dass der mächtige Schwager Tag und Nacht zu Vulpius aufblicken muss.

Seit Jahren will ich seinen „Rinaldo Rinaldini" einmal lesen, aber ich fürchte ein wenig die mögliche Enttäuschung. Jedesmal, wenn ich an sein Grab tre- te, vertröste ich ihn und mich auf die nächste Gele- genheit. Einmal las ich, dass Vulpius bei der ersten Begegnung mit Schiller in Weimar belustigend fand, dass dieser seinen „Rinaldo" nicht kannte. Das beru- higt mich.

Noch einmal fällt unser Blick auf Walbaums klei- ne Schattendemonstration an der Westmauer, bevor wir die schwere Gitterpforte des Friedhofs hinter uns schließen und den Weg in Richtung Frauenplan ein- schlagen. Dort soll es die beste Rostbratwurst in Weimar geben. Zudem hoffen wir vor dem Goethe- haus einen Bekannten zu treffen, der uns gestern Abend im Hotel ungewollt beleidigt hat. „Es gibt nichts Lächerlicheres, als einen Deutschen, der öf- fentlich eine Bratwurst isst", hat er behauptet. Ich habe ihm heute Morgen aus den Erinnerungen des Schauspielers Eduard Genast extra eine Seite kopiert, die das öffentliche Bratwurstverspeisen zur edelsten Kultur erhebt. Genast berichtet nämlich vom Treffen deutscher Fürsten in Rudolstadt: „Drollig war es an- zusehen, wenn die fürstlichen Herren, Goethe mit unter ihnen, sich um eine Bratwurstbude stellten und dann, ein jeder mit einer Wurst bewaffnet, unter dem

Publikum einherwandelten ..." Unser Kritikus ließ sich davon nicht beeindrucken. „Der Deutsche betreibt das Bratwurstessen wie einen Gottesdienst, er nimmt sogar denselben feierlichen Gesichtausdruck an", spöttelte er.

Sollte er zufällig am Frauenplan vorbeikommen, wollen wir ihm eine Lektion erteilen.

„Der Menschheit Würde ist in eure Hand gegeben"

*Tyrannengruß in der Schillerstraße
und viel Bekümmernis im Geleithaus*

Die beiden bestiefelten Glatzen haben den abendlichen Spaziergänger ins Auge gefasst. Zwar ist das internationale Weimar für Spaziergänger auch heute fast noch so sicher wie damals, als Carl August und Goethe sich persönlich um Recht und Ordnung in der Residenz kümmerten, aber zufällig zeigt sich die Schillerstraße, die alte Esplanade, um diese Zeit so menschenleer, dass sie meinen beiden Beobachtern und mir allein gehört. Irgend etwas wollen sie von mir. Ich werde mich ihnen deshalb mit demonstrativer Selbstsicherheit nähern. Das jedoch ist leichter gesagt als getan! Einige Meter probiere ich ungewollt Goethes Technik, die der Weimarer Gymnasialdirektor Karl August Böttiger aus einem Gespräch mit dem Dichter über „gewisse Configurationen im menschlichen Körperbau" wiedergibt. Dort verrät Goethe: „Ich laß immer beide Hände schleudern, wenn ich allein übers Feld gehe." Mein diesbezüglicher Versuch kommt mir allerdings vor wie eine Demonstration zugunsten des britischen Komikers Monty Python, der seit Jahren ein „Ministerium für alberne Gangart" fordert. Und wenn selbst Goethe sich nach seinen Worten nur außerhalb der Stadtmauern traut, mache ich mich mit meinem verlegenen Schleudern auf Weimars Hauptstraße auch nur lächerlich.

Sie werden mich anpumpen wollen. Auf der Frankfurter Zeil, in der Pariser Metro oder in Amsterdams Kalverstraat würde ich es mir gefallen lassen. Dort gehört es zum guten Ton. An diesem Ort ist es mir zuwider. Keine zwanzig Meter entfernt sind in der Mansarde rechts oben einige der stolzesten Gedanken der Menschheit niedergeschrieben worden. Wilhelm Tell weigerte sich hier zum ersten Mal, den aufgepflanzten Tyrannenhut zu grüßen. Und vor der Tür des Hauses, in deren Nähe meine beiden Beobachter auf mich warten, trennten sich am Abend des 1. Mai 1805 Goethe und Schiller, ohne zu ahnen, dass es der letzte Blick, das letzte Wort sein würden. „Und so schieden wir vor seiner Haustüre, um uns niemals wiederzusehen", schreibt Goethe später.

Ich bin froh, allein zu sein und den Kleinen nicht an der Hand zu haben. Nichts ist schlimmer als Demütigung von Vätern vor den Augen ihrer Kinder. Tells heldenhafter Apfelschuss hat ja, nüchtern betrachtet, auch etwas Psychopathisches an sich. „Die gelungene Tat ist noch ganz so häßlich, als es die gewagte war; das Entsetzen bleibt", kommentierte schon Ludwig Börne die Risikoväter Schiller und Tell. „Der Starke ist am mächtigsten allein", werfe ich zur Mansarde hoch, wo der Satz herstammt, und ergänze: „Der Schwache übrigens auch, Herr Hofrat Schiller!"

Einer der beiden Minityrannen tritt mir wie erwartet in den Weg und raunt mir die wenig klassischen Worte zu: „He Alter, rück mal'n paar Euro raus!" Die Anrede macht mich nicht an. Er würde so auch zu einem Gleichaltrigen sprechen. Aber seine „Bitte" geht mir gegen den Strich, und da ich allein bin, scheint mir ein gewisses Ausgangsrisiko hinnehmbar. Viel zu sehr traue ich dem Genius loci, als dass ich mich an diesem Ort auch nur eine Sekunde fürchten würde. Zudem kann ich nie an Schillers Wohnhaus vorbeigehen, ohne mich jener friedlichen Szene zu erinnern, die mein Osnabrücker Landsmann Bernhard Rudolf Abeken, Hauslehrer der Schillerschen Kinder, von seinem ersten Arbeitstag berichtet. Am 19. April 1808 war er angekommen. Man hatte ihn in jenem Zimmer oben, das seit dem Tod des Hausherrn leer stand, einquartiert. „Gleich am andern Morgen, als ich mit der jüngsten Tochter des Hauses, damals einem vierjährigen Kinde, das sich sogleich vertraulich an mich anschloß, an der Hausthür, an der von schönen Linden beschatteten Esplanade spielte, kam Goethe daher gewandelt, blieb bei dem Kinde stehen und liebkoste ihm", berichtet Abeken. (Es ist die kleine Emilie, von der der Sterbende so bewegt Abschied genommen hatte.) Auch dem neuen Hauslehrer gilt Goethes herzliche

Aufmerksamkeit – und dieser kommt seit jener Begegnung ein Leben lang nicht mehr von ihm los.

Für einen Augenblick überwältigt mich Unsicherheit ganz anderer Art. Sollte ich den beiden Schillerschen Räubern nicht doch lieber gleich ein paar Euro in die Hand drücken? „Vergessen Sie nicht, dass jeder Mensch heimlich eine Krone trägt, weil er königlicher Abstammung ist", pflegt mein Freund Heinrich Dickerhoff, der Präsident der Europäischen Märchengesellschaft, seine Zuhörer zu erinnern, wenn sie sich in seinen Seminaren zu leidenschaftlich über die Schlechtigkeit der Welt auslassen. Was, wenn es sich bei meinen beiden Kampfstiefelglatzen um verwunschene Heilige handelt, die gerade hier vor dem Schillerhaus die Erziehung des Menschengeschlechts überprüfen? Was, wenn sich herausstellt, dass nicht ich unter die Räuber gefallen bin, sondern die beiden mich so einstufen müssen?

Der alkoholisierte Appell meines Gegenübers: „Nu rück mal langsam wat raus!", lässt mich die königliche Abstammung der beiden Schnorrer schnell wieder in Zweifel ziehen. Sie bekommen keinen Cent von mir, koste es, was es wolle.

Monty Python's „Ministerium" hat mir zwar nicht helfen können. Aber vielleicht kann seine Sprache mich retten. In einem Tonfall von Unverständnis und Gleichgültigkeit kaue ich professionell die Silben hervor: „I'm sorry, I don't understand you" und setze meinen Weg in Richtung Theaterplatz fort.

„So'n Idiot, latscht hier durch die Dichterstadt und kann nich mal Deutsch!", höre ich einen der beiden schimpfen. Ich habe gewonnen.

Eine Sekunde spiele ich mit dem Gedanken, zurückzugehen und jedem einen Schein in die Hand zu drücken. „Der Menschheit Würde ist in eure Hand gegeben, bewahret sie!", hat er da oben in seiner Mansarde auch hinterlassen. Wie ist das mit der Würde einer Geld erpressenden Stiefelglatze? Bin ich vielleicht doch dafür verantwortlich?

Auf der Suche nach einem intelligenteren Opfer stampfen meine beiden Königskinder gestikulierend in Richtung Marktplatz. Natürlich gehe ich ihnen nicht nach, sondern beschließe, meinen kleinen Sieg im Hotel zu genießen.

Im „Köstritzer Schwarzbierhaus", dem ehemaligen Wohnhaus von Salomo Franck, einem heute vergessenen Textlieferanten für Johann Sebastian Bach, denke ich an die beiden Schillerschen Räuber. Falls sie zufällig hier auftauchen sollten, halte ich sie den ganzen Abend auf meine Kosten frei. Aber natürlich trauen sie sich nicht hierher.

Noch vor wenigen Monaten traute sich demgegenüber jener Mann hierher, der die Welt auf friedliche Weise mehr verändert hat als jeder Mächtige vor oder nach ihm. Er war mit seiner Tochter gekommen, um im „Köstritzer Schwarzbierhaus" zu Abend zu essen. Zwei gute Bekannte, die ebenfalls im Hause zu Gast waren, gerieten in die unerwartete Gesellschaft und nahmen es als ein exklusives Vergnügen, gemeinsam mit dem ehemaligen Weltenlenker Michail Gorbatschow zu speisen. Bedenkt man, mit welchem Staatsakt einige Jahre zuvor die Anwesenheit eines KPdSU-Generalsekretärs in Weimar bedacht worden wäre, möchte man die Szene nicht für wahr halten.

Wenn einer sich auch ohne Staatsakt und ohne Absicherung des Lokals durch mindestens 500 Sicherheitsbeamte ein Essen in Weimar verdient hat, dann allerdings der ehemalige Vorsitzende des Präsidiums des Obersten Sowjets. Dass Michail Sergejewitsch Gorbatschow seinen Platz am Kremlschreibtisch freiwillig zur Disposition stellte (um ihn unter anderem auch gegen einen Tisch im „Köstritzer Schwarzbierhaus" einzutauschen!), dieses beispiellose Phänomen in der Geschichte hat schließlich dafür gesorgt, dass jeder zu jeder Zeit nach Weimar reisen kann und jeder Weimarer zu jeder Zeit ebenfalls überall hin.

In meinem Zimmer (es ermöglicht den Blick auf Brunnen und Geleitstraße) höre ich mir Bachs Kantate Nr. 21 an. Sie trägt den Titel „Ich hatte viel Bekümmernis". Der Text von Salomo Franck ist in diesen Räumen entstanden. Am Vormittag habe ich die CD im Weimarer Musikhandel gefunden.

Während die schwermütigen Worte wohl zum ersten Mal „technisch" an ihrem Entstehungsort erklingen, blicke ich aus dem Fenster auf das restaurierte Geleithaus, in dem Goethes Frankfurter Weimar-Begleiter, Diener und Freund Philipp Seidel viele Jahre wohnte. Die Weimarer nannten ihn die Kopie seines Herrn. Philipp, „der, obgleich etwas kleiner, fast eine gleiche Gestalt mit ihm hatte und seine Bewegungen so treu nachahmte, daß man oft versucht war, ihn von weitem für Goethe selbst zu halten", war der unumstrittene Haus-, Finanz- und Seelenbetreuer des jungen Genies. Ganz nebenbei ein Tausendsassa in den Belangen des Alltags und der Lebensbewältigung überhaupt. Man tat klug daran, sich mit ihm gutzustellen, wollte man bei Goethe etwas erreichen. Manche geschäftliche und selbst literarische Angelegenheit seines Herrn und Freundes erledigte er ohnehin selber, und zwar zu allseitiger Zufriedenheit.

Für Goethes Mutter, die sich um ihren Naturburschen im zugigen Gartenhaus fortwährend sorgt, ist er die beste Auskunftsadresse. Zuverlässiger und ergiebiger als der eigene Sohn. Lassen die Interna von der Ilm einmal etwas länger auf sich warten (ihr „Hätschelhans" schreibt zwar an alle Welt, aber wenig nach Hause!), klagt sie Freunden und Bekannten in ihrer zauberhaften Bildersprache: „Der macht wieder einmal den Gott Baal!" – und bemüht damit das Bild vom Götterwettkampf im Alten Testament, den der tumbe Baal gegen den Gott des Propheten Elia verliert, weil er stumm bleibt und zum Entsetzen seiner 450 lamentierenden Priester kein Feuer vom Himmel entfachen kann.

Als Christiane „frisch und kräftig blühend, kindlich und erquickend heiter" im Gartenhaus auftaucht (Philipp wusste natürlich als erster davon und deckte es, so lange es ging), gerät der vermeintlich Unverzichtbare in den Hintergrund. Wie Charlotte von Stein, wird auch er zum Christianen-Opfer. Sein Goethe ist jetzt ihr Goethe. Die Gespräche vor dem Einschlafen („Mit meinem Philipp von seiner und meiner Welt geschwäzzt ..."), das morgendliche Wecken und Necken – all das fällt Christiane zu. „Daß dir werde die Nacht zur schönen Hälfte des Lebens!", hat er später in „Hermann und Dorothea" in Erinnerung an diese Zeit die Mutter sagen lassen.

Philipps Welt bricht zum ersten Mal zusammen. Er macht das Beste daraus, heiratet und zieht in die obere Etage des Geleithauses (Wieland hat dort nach dem Umzug von Erfurt einige Zeit gewohnt!), bald beglückt mit vier munteren Kindern und einer beachtlichen Weimarer Karriere als herzoglicher Amtmann. Selbst Goethe, der zunächst für Seidels Berufseinstieg eine 1000-Taler-Bürgschaft übernommen hat, leiht sich bei finanziellen Engpässen gelegentlich von seinem früheren Diener Geld. Des Lebens Häme lässt jedoch nicht auf sich warten, wie es denn oft gerade bei vermeintlich unzerstörbarer Bindung leicht zu ärgster Verwicklung kommt und das Glück unerwartet nach Strafe zu schreien beginnt.

Hatte der angesehene Bürger Ansprüche an die gemeinsame große Vergangenheit gestellt, die dem ehemaligen Freund und Herrn am Frauenplan nicht behagen konnten? Im zweiten Aufzug des „Egmont", in dem der Dichter in guten Tagen seinem Philipp in der Gestalt des Sekretärs bereits ein Denkmal gesetzt hatte, heißt es: „Da bringt er wieder die alten Märchen auf, was wir an einem Abend in leichtem Übermut der Geselligkeit und des Weins getrieben und gesprochen; und was man daraus für Folgen und Beweise durchs ganze Königreich gezogen und geschleppt habe."

Verführte die gemeinsame Vergangenheit den Ausgeschalteten zu Rückgriffen auf jenen „leichten Übermut der Geselligkeit und des Weins"? Oder waren es „brüderliche Geldgeschäfte", diese gewöhnlich sicheren Garanten freundschaftlichen Zerfalls, die die Entfremdung zum unerwarteten Gast in den Zimmern nebenan werden ließen? Die Zeiten, in denen Goethe hinter dem Rücken des pfennigfuchsenden Vaters dem Leipziger Studienfreund Behrisch sein Klavier entgegen der väterlichen Anordnung spottbillig überließ, waren vorbei. Damals hatte er geschrieben: „Unsre Väter dencken anders. Sie lassen sich für die Sprichwörter todtschlagen, Handel leidet keine Freundschaft" und ein großzügiges „... und mit dem Zahlungstermin hat's auch keine Eile" hinterhergeschickt.

Niemand weiß um die Hintergründe. Bekannt ist nur, dass das herzliche Verhältnis um 1799 einen Riss bekommt und der Name Philipp Seidel aus Goethes Tagebüchern, Notizen und Schriftverkehr verschwindet. Von Seidel ist in diesem Zusammenhang das merkwürdige Wort „Ich lernte das Nein" überliefert.

Seidels psychische Stabilität gerät nach dem Bruch mit zunehmendem Alter ins Wanken. Zwar betreibt der clevere Finanzmensch weiterhin lukrative Unternehmungen, aber der Bruch mit Goethe rumort in der Seele. In einem überspannten Brief wendet er sich mit einer Art Generalabrechnung an den früheren Verbündeten – und erreicht das Gegenteil! „Goethe schwieg. Er verreiste, verstummte, wie so oft, wenn ihm eine Beziehung lästig wurde", kommentiert Effi Biedrzynski die Katastrophe. Seidel bleibt die furchtbare Erfahrung, dass es schmerzlicher sein kann, einen geliebten Menschen durch das Leben zu verlieren als durch den Tod.

Sechs Monate vor seinem Ende tritt er den Weg nach Jena ins Irrenhaus an. Aus dem bewundernswert Umtriebigen war ein hilflos Getriebener geworden.

1820 stirbt er im Irrenhaus. Einmal noch erweist er seinem ehemaligen Herrn überraschend einen Dienst. Die Nachkommen überreichen Goethes jungem Freund Eckermann 1826 einen sechzig Jahre alten, kaum noch leserlichen, mehrfach gefalteten Zeitungsausschnitt. Der elfjährige Philipp Seidel, bereits als Kind im Dienst der Familie Goethe am Großen Hirschgraben in Frankfurt, hatte ihn ausgeschnitten und aufbewahrt. Es handelt sich um ein Gedicht des sechzehnjährigen Goethe mit dem Titel „Poetische Gedanken über die Höllenfahrt Christi". Der Greis am Frauenplan kann sich erst daran erinnern, als er den vergilbten Zettel – nach Eckermann „Ohne Zweifel das älteste aller von Goethe bekannten Gedichte" – mit eigenen Augen sieht. „Er war mehrere Tage ganz voll davon", wird berichtet.

„Du warest meine Lust und bist mir grausam worden", lässt Salomo Franck seine Worte dreihundert Jahre nach der ersten Niederschrift in diesem Haus per CD-Player durch mein Zimmer erklingen. Ich ziehe den Vorhang zu, schalte das Gerät ab und entschließe mich, in der Gaststube noch ein Schwarzbier gegen das menschliche Elende zu trinken.

Unten im Lokal lacht das Jazzidol John Coltrane neben mir von der Wand, assistiert von einer farbigen Musikerstatue aus Holz, wie sie in den Jazzmetropolen der Welt in vielen Lokalen die Gäste begrüßt. Das „Köstritzer Schwarzbierhaus" ist ein Mekka der Weimarer Jazzszene. Und John Coltrane gilt den Kennern zumindest als Prophet. 1957 gelang dem Saxofonisten mit dem legendären Pianisten Thelonious Monk im Carnegie-Hall-Konzert eine

„musikalische Kernfusion". Noch fünf Jahrzehnte später schwärmt der Musikkritiker Konrad Heidkamp davon.

Ich hebe das Glas und trinke John Coltrane und der hölzernen Statue zu. Sie lächeln zurück, doch in ihren Gesichtern spiegelt sich die beschwingte Souveränität jener Musikepoche wider, die Salomo Franck und Johann Sebastian Bach für immer aus diesen Mauern vertrieben hat.

„Wie habt ihr Baals-Priester es geschafft, echtes Feuer vom Himmel zu holen?", frage ich kleinlaut.

Jakobskirchhof (Besuchte Gräber)

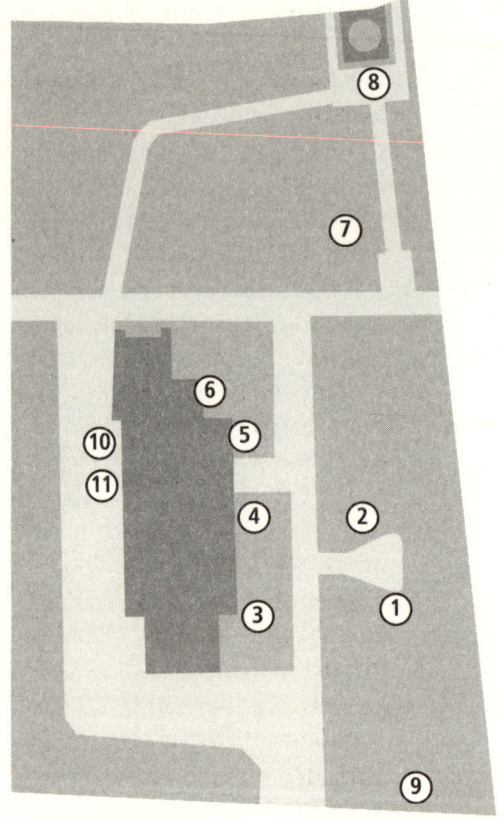

1 Chr. v. Goethe	**7** Becker-Neumann
2 Graf Schmettau	**8** Schiller /
3 Cranach	v. Göchhausen
4 Bode	**9** Neumark
5 Musäus	**10** Günther
6 Walther	**11** Fernow

„Gott hat das alles gut gemeint"

Vom schwankenden Los auf dem Jakobskirchhof

Weimar schläft noch. Nur die Fassade des „Russischen Hofes" schmiegt sich bereits wohlig ins Licht, das ihn tatsächlich aus Osten badet. An der Ecke zum Graben freut sich wie eh und je der Kasseturm, den Abriss der Stadtmauer überlebt zu haben, und in den Baumwipfeln des Jakobskirchhofs bereiten die Nachkommen von Eckermanns vierzig Vögeln in wilder Absprache ihr tägliches Konzert vor.

Generation um Generation und Geschlecht um Geschlecht hat die Stadt seit dem 12. Jahrhundert hierher getragen, und dennoch blinzelt der alte Gottesacker so jung und morgenschön in die Sonne, als gelte es nach den bedrückenden Friedhofsjahrhunderten an diesem Vormittag eine neue Aufgabe anzutreten.

Auf der Bank neben **Christiane von Goethes** Grab setze ich mich für einen Augenblick nieder. Vor mir die Säule des **Generals von Schmettau**, der sich, tödlich verwundet nach der Schlacht von Jena und Auerstedt, vor den nachrückenden Franzosen ins Haus der Charlotte von Stein gerettet hatte und seinen kollegialen Peinigern dann doch noch in die Hände fiel. Goethe bemühte sich um sein Grabmal, aber die Familie fand seinen Entwurf zu dürftig und entschied sich für diesen. Der Kriegsmann bekommt von mir nur wegen seiner Verwandtschaft mit der Fürstin Gallitzin, einer geborenen Gräfin von Schmettau, eine Rose.

Die Mutter der Münsterschen „Heiligen Familie", einer Art katholischem „Gegen-Weimar", erlöste mit ihren Leuten den im fernen Königsberg hungernden evangelischen Schriftsteller und Theologen Johann Georg Hamann aus seiner finanziellen Misere und lud ihn nach Münster ein. Der General profitiert jetzt davon.

Etwas weiter entfernt ruht **Lucas Cranach** an der Kirchenmauer. Er begleitete seinen fürstlichen Herrn 1551 nach dem Verlust der Kurwürde ins Exil an die Ilm. Knappe zwei Jahre bleiben dem Neunundsiebzigjährigen noch, um mit dem Sohn am Markt eine neue Werkstatt einzurichten.

„Nimm wenig Öl, dann bleibt die Farb' gesund!", rät er dem Sohn, als er merkt, dass er den Riesenauftrag, das große Altarbild für St. Peter und Paul, nicht mehr schaffen wird, „Und stell mich unters Kreuz, / vom Blut des Herrn getroffen. / Schneuz dem Lamme rechts das Maul, / daß es nicht weint. / Gott hat das alles gut gemeint", legt Ludwig Bäte in seiner Cranach-Ballade dem alten Meister im Gespräch mit dem Sohn in den Mund. Der stellt ihn tatsächlich unters Kreuz und führt den Blutstrahl aus der Wunde Christi „allen Fallgesetzen zum Trotz" nicht auf Johannes den Täufer und nicht auf Luther, sondern auf den Vater.

Mit steinerner Miene und riesigem Bart, das Barett in der Hand, begrüßt Cranach seit viereinhalb Jahrhunderten die Friedhofsgänger. Die meisten, die hier ruhen, hat er schon an der Mutterhand auf den Friedhof kommen sehen, bevor er sie Jahrzehnte später als Mitbewohner in Empfang nahm. In der Malergruft zu seinen Füßen ruhen die Nachfolger der eigenen Zunft. So blieben sie auch im Tode in seinem Schatten. „Maler der apfelbrüstigen Weiblichkeit" hat ihn ein Kunstkritiker genannt. Hält er deshalb den Blick schamhaft gesenkt? Seine jugendliche nackte Venus, ein Musterbeispiel jener „apfelbrüstigen Weiblichkeit", schenkte die thüringische Landesregierung 1939 Hitler zum 50. Geburtstag. Es ist nicht wieder aufgetaucht.

In der Nähe ruht **Johann Joachim Christoph Bode**, ein Armeleutekind aus Braunschweig. Der Vater setzte auf den Sohn. Sprachstudien, Musik und literarische Bildung machten den Jungen groß. In Hamburg trifft er auf Lessing und gründet mit ihm die „Buchhandlung der Gelehrten". Aber der Zusammenarbeit ist kein Erfolg beschieden. Gemeinsam geraten sie in eine peinliche Verlagspleite, von der sich Lessing lange nicht erholt und die Freundschaft lädiert wird.

Bode kann die Misere durch eine geschickte Heirat ausgleichen (insgesamt verheiratet er sich dreimal und verbessert sich dabei ständig!). Später schließt er sich der wohlhabenden Gräfin Bernstorff als Sekretär an und kommt so nach Weimar. Vom Bernstorff-schen Palais, dem jetzigen „Hotel am Frauenplan", regieren sie den Musensitz Weimar mit.

„Rastlos und muthig", bescheinigt der Grabspruch. Seine bedeutendste Tat: Er lieferte der deutschen Sprache die großen englischen Romane, von denen Goethe noch als Achtzigjähriger schwärmt. So übersetzt er Sternes „Tristram Shandy" und dessen „Sentimental Journey", das Kultbuch eines ganzen Jahrhunderts (Lessing hatte seinem Kompagnon den Übersetzungstipp „Empfindsame Reise" gegeben!), Goldsmith' „Vicar of Wakefield", der Goethe später zu seiner Sesenheimer Idylle in „Dichtung und Wahrheit" verhilft, und den phänomenalen „Tom Jones" von Fielding. Fielding! Ein Romanautor, der, so weise wie Shakespeare, alle Glückseligkeit und Verworfenheit menschlichen Lebens in verblüffenden Finessen und psychologischen Unglaublichkeiten bedacht hat, so dass die über eintausend Seiten seines „Tom Jones" dem Leser immer wieder den Atem verschlagen und er ausrufen muss: „Das kann nicht wahr sein, nein, das kann nicht sein, darauf konnte keiner kommen!"

Ist es da ein Wunder, wenn der alte Goethe schwärmte: „Unsere Romane, unsere Trauerspiele, woher haben wir sie denn, als von Goldsmith, Fielding und Shakespeare", und seinem Freund Zelter die zärtliche literarische Lebensbilanz übermittelte: „... und am Ende sind es denn doch diese Gesinnungen, die uns von allen Irrschritten des Lebens endlich wieder zurückführen." Und Bode, der hier so tut, als wäre nichts geschehen, stellte den Deutschen diesen Reichtum ins Regal. Ein Armeleutekind aus Braunschweig!

Manchmal beziehe ich nur wegen Bode ein Zimmer im „Hotel am Frauenplan". Ich bin ihm gern nahe.

Auf der anderen Seite der Kirchentür wacht ausgerechnet **Johann Karl August Musäus** über den Kirchgang der Weimarer. Wegen der Teilnahme an einer Tanzveranstaltung wollte man ihn in einem der umliegenden Dörfer nicht zum Pfarrer haben. Herzogin Anna Amalia, die einen Blick für außergewöhnliche Typen besaß, brachte ihn am Weimarer Gymnasium unter. Für die Schüler wird's ein Gewinn gewesen sein.

Ach Musäus, lieber Vornamensvetter und König aller Weimarer Durchblicker. Fast eine Woche lang forschte ich dir im Märchenmuseum in Bad Oeynhausen hinterher, ließ mir von der unermüdlich freundlichen Bibliothekarin aus den entlegensten Regalen deine „Volksmärchen der Deutschen" in den verschiedensten Ausgaben raussuchen, kontrollierte Wielands kleine Textsauereien von 1806, als er dich fachmännisch zu verbessern suchte, und kam dir auf alle deine Schliche, bei denen du dir nachts die Hände gerieben hast. Seltsam, dass dir bisher keiner von den Goetheforschern in deine kleine Zauberbude am Ende der Weimarer Seifengasse durchs Fenster und über die Schulter gesehen hat. Dass die DDR dir später dein mit den Märchen mühsam erschriebenes eigenes Haus am Kegelplatz enteignete und ausgerechnet Albert Schweitzer darin einquartierte, oh, das hätte dich amüsiert, das wäre Stoff für ein Märchen geworden!

Dein Erfolgsrezept, leichtfertig mitgeteilt: „Ich sammle die trivialsten Ammenmärchen, die ich aufstutze und noch zehnmal wunderbarer mache, als sie ursprünglich sind", reichte dir ja noch lange nicht aus. „Stundenlang erschütterte er das Zwerchfell seiner Freunde, wenn er mit der gutmütigsten und trockensten Laune von der Welt anfing, sich über sich selbst oder seine Frau lustig zu machen", berichten Zeitgenossen. Und den argwöhnischen Blick seiner besseren Hälfte auf die zeitraubende Märchenproduktion weiß er eheerfahren zu kommentieren: „... davon hofft nun meine liebe Frau, daß es ein ganz lukrativer Artikel werden soll."

Dem Dichterfürsten am Frauenplan, mit dem Musäus ganz gut konnte, hat der „Märchenerzähler" übrigens, von der Forschung bisher kaum beachtet, eine nette Parodie auf dessen gärtnerische Ambitionen geliefert. Ich vermute, dass Goethe selbst sie bei der Lektüre von Musäus' „Volksmärchen" durchaus erkannt hat.

In seiner Geschichte vom Grafen von Gleichen und dessen Gefangenschaft als Kreuzritter lässt Musäus diesen in die peinliche Situation geraten, dass der Sultan von Ägypten den Grafen mit der Anlegung eines Landschaftsparks nach europäischem Muster beauftragt. Der überforderte Graf, der Gärtnerei gänzlich unkundig, muss gute Miene zum bösen Spiel machen. Und das sieht so aus: „Er warf bunt durcheinander, was er vorfand, machte alles anders und nichts besser. Die nutzbaren Fruchtbäume rodete er aus ... Den ganzen Platz schied er in mancherlei Terrassen, die er mit einem Rasensaum umfaßte, und zwischendurch schlängelten sich wunderbar gewundene Blumenbeete in mancherlei grotesken Figuren, die in einem stinkenden Buchsbaumschnörkel ausliefen."

An wen darf man dabei anders denken als an den jungen Goethe, den Musäus bei seinen Spaziergängen in der (noch unkultivierten) Ilmaue im Auftrage Carl Augusts einen Park gestalten sieht. „Er verstand von der Gärtnerei so wenig, als ein Laie von den Geheimnissen der Kirche", scherzt Musäus über den Bäume rodenden Grafen. Und immer wieder lugt der junge Mann aus Frankfurt am Main in Carl Augusts Diensten aus dem Märchengrafen beim ägyptischen Sultan. „... dem Sultan lüstet, nach der Weise der Großen in der Welt ...", weiß Musäus zu berichten. Mit anderen Worten: Carl August will auch einen Park haben, wie ihn die meisten Residenzen bereits besitzen, und der junge Goethe verwirklicht ihm „auf gut Glück, ohne Plan", so Musäus, seinen Traum.

Es ist aber ein stattliches Ergebnis bei der vermeintlichen Stümperei herausgekommen, sage ich gegen Musäus gewandt. Von der Kirchenwand blickt sein versteinertes Konterfei spitzbübisch auf mich herab.

Ob sein Neffe August von Kotzebue, der ebenfalls sein Schüler war, die erfolgreichen Theaterstücke aus diesem Lehrer-Onkel-Humus gezogen hat? Was kaum einer weiß: Musäus war mit seinen „Volksmärchen der Deutschen" der erfolgreichste Autor Weimars. Gegen die Schreibersippschaft Musäus und Kotzebue produzierte Goethe in den Augen des Publikums edle Ladenhüter und musste als Theaterchef zusehen, wie der junge Kotzebue, das Kind aus der Nachbarschaft, seine Stücke zu Bühnenrennern machte und das Publikum nach ihnen schrie.

Eigenartigerweise gehört Musäus zu den Vergessenen Weimars. Der große Besucherstrom berührt ihn und sein Haus am Kegelplatz nicht. Da kann auch Albert Schweitzer wenig ausrichten. Der Helfer der Menschheit steht immer etwas verloren da mit seinen Lambarene-Kindern im Denkmal vor Musäus' Haus am Kegelplatz.

Einem Spaßvogel geht man sicherheitshalber aus dem Weg, selbst nach zweihundert Jahren noch, scherze ich, während ich meine Rose auf das Porträtrelief in die Urnennische lege und mich abwende. Wahrscheinlich macht er jetzt seinen Witz über mich seltsamen Friedhofsgänger. Soll er lachen. Er wird mich schon vermissen, wenn ich eines Tages nicht mehr komme.

Blasen Orgelpfeifen aus dem nächsten Grab? Hier ruht kein Geringerer als Johann Sebastian Bachs Vetter und Kollege **Johann Gottfried Walther**. Er stand der Verwandtschaft musikalisch nicht nach, wenn er auch gegen den Bachschen Zweig auf Dauer nicht gewinnen konnte.

Der Grabstein des ersten deutschen Musiklexikonverfassers hat selbst etwas Lexikalisches. Wenn es stimmen sollte, dass wir in jener anderen Welt an der Stelle weitermachen, an der wir uns im Leben am liebsten bewegt haben, wie der Mystiker Emanuel Swedenborg vermutete, dann wird Walther einige Jahrtausende himmlischer Zeitrechnung mit der Aktualisierung seines Lexikons beschäftigt sein. Es fehlen ja fast alle noch. Mozart kommt erst 1756 auf die Welt, Beethoven 1770, und 1980 wird John Lennon ermordet. Letzterer soll mit seinen Beatles sogar, wie Musikhistoriker inzwischen behaupten, alle Vorgänger an Bedeutung überholt haben. Angesichts der gebotenen Sorgfaltspflicht eines Lexikonherausgebers wird Walther bei seiner Aktualisierung mit solch schnellen Taxierungen vorsichtiger sein. Möglicherweise stößt er auch auf Arno Schmidt, der die vier vermeintlichen Götter lediglich als „Krampfhennen" einstufte. Vorsicht, Vorsicht, Arno Schmidt, sage ich, du hast kein „Yesterday" hinterlassen! Und ist nicht alle Kunst in ihren Anfängen ohnehin Krampfhennentum?

Auf dem Titelblatt von Walthers 1732 in Leipzig erschienener Lexikon-Ausgabe verspricht der Autor die Berücksichtigung aller „Musici, welche so wol in alten als neuern Zeiten, ingleichen bey verschiedenen Nationen, durch Theorie und Praxis sich hervor gethan". So hat er 1732 ohne Schreibmaschine, Telefon, Fax, PC, Mail oder Internet 659 informative Seiten geschafft. Er wird sich John Lennon und seine Nachfolger für die neue Ausgabe schon nicht entgehen lassen.

Wenn die beiden Vettern sonntags in die Tasten griffen, Johann Sebastian in der Schlosskirche, Walther auf der besseren Orgel in St. Peter und Paul, merkten die Engel im Himmel verdutzt auf. Nur schwer konnten sie sich an die irdische Konkurrenz gewöhnen. Dennoch sucht man Walther im alten DDR-Weimar-Stadtführer aus dem VEB-Tourist-Verlag im ausführlichen Jakobskirchhof-Teil vergeblich. Das ist weder Schlamperei noch Zufall. Der sozialistischen Geschichtsschreibung war der Kirchenmusiker nicht wichtig genug. Als ob die Weltgeschichte so einfach wär! Jetzt gibt es die offizielle sozialistische Geschichtsschreibung nicht mehr, aber Walther und seine Orgelwerke leben. Allen Diktatoren ins Poesiealbum: dass Musik unsere bescheidenen Weltdeutungen wie Absolutismus, Kapitalismus oder Sozialismus spielend überlebt!

Ich lege drei Rosen auf das Grab: eine für den Vetter Johann Sebastian in Leipzig, die andere für die Konkurrenz aus Liverpool. Walther wird wissen, wie viele Seiten er ihr in seiner neuen Ausgabe einräumen muss.

Die 19-jährige Schauspielerin **Christiane Becker-Neumann** ächzt unter ihrem monumentalen Stein. Sie ist mit Christiane Vulpius und Herzog Carl Augusts Zweitfrau Caroline Jagemann an der „Dreimädelecke" in der schmalen Luthergasse groß geworden. Während ihrer kurzen Blütezeit war sie der Traum der Weimarer Männerwelt. Mit 15 Jahren verheiratet, starb sie mit Neunzehn bei der Geburt des zweiten Kindes. Auch eine, die zu hübsch war, um glücklich werden zu können? „Meine Mädchen und Frauen bildeten sich nach ihr und ihren Eigenschaften, es kann größere Talente geben, aber für mich kein anmutigeres", schrieb Goethe nach ihrem

Tod. Er hatte die junge Schönheit gemeinsam mit der Schauspielerin Corona Schröter, jener zweiten großen Versuchung der Weimarer Männerwelt, am Theater ausgebildet. „Nicht ungerühmt" wollte er sie „zu den Schatten hinabgehen lassen" versprach Goethe und widmete ihr seine Elegie „Euphrosyne", deren Spuren in einem kaum noch lesbaren Vers auf dem Grabmal zu finden sind: „Alles entsteht und vergeht nach Gesetz, doch über des Menschen Leben, den köstlichen Schatz, herrschet ein schwankendes Los."

Einmal beobachtete ich an ihrem Grab Kinder, die mit einer Puppe, die sie auf das Monument legten und auf kindliche Weise wort- und gestenreich betrauerten, das ungewöhnliche Spiel „Deine Mama ist tot" spielten. Eine etwa Fünfjährige (in diesem Alter stand Christiane Becker-Neumann schon auf der Bühne) musste dabei das Opfer der zwölf- bis dreizehnjährigen Mädchen übernehmen. Sie beschworen die Kleine: „Deine Mama ist tot, Du musst jetzt ganz laut weinen." Die Fünfjährige kam der Aufforderung so deutlich nach, dass die Grenzverwischung zwischen Spiel und Betroffenheit für den zufälligen Beobachter kaum auszuhalten war. Unmöglich, dass die Mädchen um die Bedeutung ihres Spielplatzes wussten.

Schläft **Friedrich Schiller** vielleicht doch noch im Kassengewölbe, oder ruht er tatsächlich auf dem Historischen Friedhof an der Seite seines großen Freundes Goethe? Es wäre ihm zu gönnen. Jahrelang hatte der jüngere Dichter sich nach einem gnädigen Blick, einem freundlichen Wort des Unerreichbaren gesehnt. Der jedoch hielt ihn für einen Spinner und konnte mit seinen „Räubern" nichts anfangen. Kein Wunder, dass Schiller bohrende Selbstzweifel plagen, die zuweilen in Hass gegen den Erfolgreichen umschlagen. Die Meisterschaft Goethes wird jedoch nie angezweifelt. Er ist der Maßstab. Erst die berühmte Begegnung nach dem Besuch der Jenaer Abendveranstaltung im Juni 1794 ändert alles. Es kommt zu einem langen, turbulenten Gespräch. Einige Tage später zieht Schiller in einem Brief die Bilanz des goetheschen Lebens aus seiner Sicht. Der große Dichter, 44 Jahre alt und einsamer als seine Umgebung ahnt, erkennt den Bruder im Geist. Eine der beglückendsten und fruchtbarsten Freundschaften der Weltgeschichte nimmt ihren Lauf. Schiller schafft es, Goethe zur literarischen Arbeit zu bewegen. Täglicher Umgang und fortwährende Absprache bewirken eine ungeheure „Produktion". Goethe nimmt seinen „Faust" wieder in Angriff, „Wilhelm Meister" sowie „Hermann und Dorothea" entstehen. Schiller vollendet neben anderen Werken „Wallenstein", „Maria Stuart" und den Publikumsliebling „Tell". Die großen Balladen werden geradezu im Wettstreit miteinander geboren. Dankbar bekennt Goethe dem Freund: „Sie haben mir eine zweyte Jugend verschafft und mich wieder zum Dichter gemacht ..." Natürlich bleibt auch ihre Lebensgemeinschaft von den üblichen Freundschaftsphasen wie kollegialem Richtlinienterror, Erfolgsneid oder emotionaler Abkühlung nicht verschont. Schillers ehrliche, fortwährende Anerkennung des „großen Bruders", seine freudigen Herzens mögliche Unterordnung (sie wird entschädigt durch seinen Erfolg beim Publikum, er ist der Liebling der Bühnen, nicht der Olympier Goethe!), sie ermöglichen eine so herzliche Zusammenarbeit und Kameradschaft, dass man noch heute neidisch werden muss angesichts der eigenen bescheidenen Lebensverwicklungen, die uns vergönnt sind. Noch nach Jahren der Zusammenarbeit kann der Publikumsliebling bekennen: „Gegen Goethen bin und bleib' ich eben ein poetischer Lump." Anlass für Schillers Bewunderung sind die Mignon-Lieder in Goethes „Wilhelm Meister". Er weiß, dass die Götter keinem andern Dichter der deutschen Sprache diesen Ton anvertraut haben.

Das Glück der gegenseitigen Kraft verführt sie schließlich zu den gefährlichen „Xenien", jenen Kurzversen, in denen sie das übrige schreibende Deutschland lustvoll beleidigen (und dabei Prügel zurückbekommen, dass ihnen manchmal doch unheimlich wird!).

Was sind die „Xenien" anderes als das Produkt zweier Männer, die, Schulbuben gleich, sich über die eigene Rolle wundern und das Raufen im Glücksübermut der gemeinsamen Kraft einfach nicht lassen können? Sie wissen, dass ihnen keiner, wirklich keiner, ernsthaft etwas kann. Das macht sie unberechenbar und leichtsinnig. Auf welche Weise die wunderbaren Beleidigungen entstehen, hat der alte Wieland berichtet. In Schillers Jenaer Wohnung wird er Zeuge, wie die beiden olympischen Schulbuben ihre Streiche aushecken und dabei vor Vergnügen auf dem Boden herumtrampeln, dass es im Raum unter ihnen kaum auszuhalten ist.

Den größten Freundschaftsdienst erweist der zehn Jahre jüngere Schiller dem Freund in einem Brief an die Gattin des dänischen Finanzministers Graf Schimmelmann, als diese aufgrund der in Europa kursierenden Gerüchte über den „gottlosen" Goethe und dessen Lebenswandel Schiller um Aufklärung bittet. Schiller versichert der Gräfin in einem seiner schönsten Briefe: „Ich darf wohl sagen, daß ich in den sechs Jahren, die ich mit ihm zusammen lebte, auch nicht einen Augenblick an seinem Charakter irre geworden bin. Er hat eine hohe Wahrheit und Biederkeit in seiner Natur und den höchsten Ernst für das Rechte und Gute; darum haben sich Schwätzer und Heuchler und Sophisten in seiner Nähe immer übel befunden. Diese hassen ihn, weil sie ihn fürchten."

Bis heute schützt Schillers Wort den Freund, und selbst die große Goethe-Forscherin Katharina Mommsen hält es zum Schluss ihrer Festrede während der Eröffnungsveranstaltung der Tagung der Goethe-Gesellschaft im Jubiläumsjahr 1999 im Nationaltheater den modernen Widersachern des Weimarers als „Wunderwaffe" entgegen.

Der miserable Gesundheitszustand des Nachtarbeiters, der trotz seiner vier unmündigen Kinder Raubbau an seinem Körper treibt, lässt Schlimmstes befürchten. Unter zwei heftigen Nervenschlägen bricht der magere Körper des ehemaligen Arztes Friedrich Schiller am Abend des 9. Mai 1805 im 45. Lebensjahr zusammen. Niemand wagt Goethe die Nachricht zu überbringen. Er ahnt, dass etwas passiert sein muss, und der selbst durch Krankheit ans Bett Gefesselte horcht ängstlich Christiane aus:

„Nicht wahr, Schiller war gestern sehr krank?" Als sie statt zu antworten in Tränen ausbricht, weiß er Bescheid. „Er ist tot?", fragt er Christiane und gibt sich selbst die Antwort, indem er sich auf die Seite dreht und zu schluchzen beginnt.

An Schillers Beerdigung und der am nächsten Tag stattfindenden Trauerfeier nimmt er nicht teil. War ihm das öffentliche Begaffen bei solchen Begebenheiten unerträglich? Besäßen wir nicht mindestens zwanzig zeitgenössische Berichte über Haltung, Mienenspiel, vorhandene oder nicht vorhandene Tränen während der Trauerfeier in der Jakobskirche, hätte er teilgenommen? Man könnte Verständnis für seine Distanz aufbringen.

Nur zwei Jahrzehnte Ruhe sind dem Dichter auf dem Jakobskirchhof vergönnt. Am 12. Mai 1805 hatten die Träger eine Stunde nach Mitternacht den Sarg in das Kassengewölbe, jene Sammelgruft für die bessere Gesellschaft, hinuntergelassen. Einundzwanzig Jahre später steigt der Weimarer Bürgermeister Schwabe mit einigen Getreuen sowie Hacke und Schaufel in das unheimliche Totenreich hinab, um aus dem modrigen Chaos unter etwa achtzig zum Teil geborstenen und ineinander gefallenen Särgen die Gebeine Schillers für die Nachwelt zu retten. Peinlich genau protokollieren die Männer ihre „Fundstücke".

Man zeigt Goethe den vermeintlichen Schädel Schillers. „Wie mich geheimnißvoll die Form entzückte! / Die gottgedachte Spur, die sich erhalten!", schreibt der alte Dichter in dem ergreifenden Gedicht „Im ernsten Beinhaus wars" über seine „Wiederbegegnung" mit dem Freund. Schließlich ordnet er in Absprache mit dem Herzog die Überführung der Gebeine in die Fürstengruft auf dem neuen Friedhof am Poseckschen Garten an. Dort will der Dichter selbst an der Seite seines Freundes ruhen.

„Der Tod kann kein Übel sein!", hat Schiller sich und uns getröstet. Wenn man ihm doch glauben könnte.

Im Kassengewölbe schläft auch **Luise von Göch- hausen**. Ein Leben lang im Schatten der Weimarer Schönen, hatte die unscheinbare Hofdame, der weder der Herzog noch sonst ein Freier nachstellte, eine eigene Erotik entdeckt. Und mit dieser Erotik verführte sie ihre zumeist männliche Umgebung auf vielleicht nicht unbedeutendere Weise als die übrige Weimarer Damenwelt. Natürlich blieb ihr trotzdem keine Demütigung erspart. Gesunde Kraftmenschen lieben es bekanntlich, den Leidenshypotheken ihrer schwächeren Zeitgenossen humorvoll weitere Kapitalien aufzuzinsen. Und so lieferte der einige Jahre recht vertraute Goethefreund Graf Stolberg in weinseliger Laune das Stichwort. Er nannte die kleine bucklige Luise in Anspielung auf die Riesengattin des Cheruskerfürsten und germanischen Römerschrecks Hermann unter tosendem Beifall Thusnelda. Zwar fehlte der zarten Luise von Göchhausen mindestens ein Meter an der echten Thusnelda, aber der Name war geboren. Im Gegensatz zu ihrem Namensgeber, dem kraftstrotzenden Grafen Stolberg, übergab sie der Kulturgeschichte nach ihrem Tode ein bezauberndes Geschenk. Heimlich hatte das kluge Fräulein die ihr überlassene Abschrift des „Urfaust" kopiert. Gegen Ende des 19. Jahrhunderts fand man das Manuskript. Eine literarische Sensation. So leistete sie ihrem Geheimrätchen (nur sie durfte ihn so nennen) einen der schönsten Dienste, den je eine Frau ihm zukommen ließ.

Während ich meine Rose für Luise von Göchhausen durch die Gitterstäbe des Kassengewölbes lanciere, mache ich ihr meine Liebeserklärung. Sie kennt sie längst und hört sie doch immer wieder gern. Draußen in Tiefurt, im Schloss, auf dem Altangang, unmittelbar neben der Treppe, findet man Luises Denkmal. Es ist die Kopie jener „Fröstelnden" des französischen Bildhauers Houdon aus dem Gothaer Museum, in deren Nachbarschaft Voltaire lächelt. Spärlich bekleidet, fast nackt, steht sie da. Der Künstler hat alle Sehnsucht nach der weiblichen Hilflosigkeit in seine Halbnackte gelegt. Nur ein Überwurf verhüllt das beschämte Haupt. Man stellte „Die Fröstelnde" vor Luises Kammer auf, um an einen groben Scherz zu erinnern, den Goethe und der Herzog sich mit ihr erlaubten. Und so hilflos und fröstelnd magst du damals gestanden haben, als dein geliebter Goethe dir im Übermut die Tür deines Zimmers hatte zumauern lassen, so dass du dein Bett nicht finden konntest. Mit der Plastik hat man später dem Scherz und deiner unvergessenen Nacht ein Denkmal setzen wollen. Also sollst du es auch sein: hilflos und unnahbar schön. Viel schöner selbst als jene russischen Ballfrauen, von denen Gogol sagt, dass sie ihre Weiblichkeit nur so weit preisgaben, wie es ihnen nach eigener Überzeugung hinreichend schien, um einen Menschen zugrunde zu richten. Aber du hast keinen zugrunde gerichtet, sage ich durch die Gitterstäbe. Bei dir konnten sie alle groß und stark sein.

Ich sehe den Geheimrat mit Christiane, Sohn August und Freund Riemer am 19. Oktober 1806 aus der Kutsche steigen, um das Haus herumgehen und in die Sakristei verschwinden. Höre den Pastor (es ist der Oberkonsistorialrat **Wilhelm Christoph Günther**, der längst selbst hinter seiner Sakristei ruht) angesichts des seit achtzehn Jahren in ausgeglichener „wilder Ehe" lebenden Paares mit verlegenem Hüsteln an die Bedeutung der christlichen Ehe erinnern und lausche schließlich beider Jawort, das der nur unterschwellig feierlichen Situation alle Würde verleiht. (Wie mag es geklungen haben? Auf wie viele Weisen kann man so ein kleines „Ja" aussprechen! Manchmal, wenn ich in der Sakristei bin, probiere ich leise, damit die Aufsicht es nicht hört, eine Variante aus.)

Was war der wirkliche Grund für die plötzliche Heirat? Goethe-Biographen beten bevorzugt den „Rettungsdank" für Christianes mutigen Auftritt in den Tagen der französischen Plünderung herunter. Ein Trauschein als Lebensrettungsvergütung? Nicht ausgeschlossen. Sigrid Damm, die maßgebliche Christianen-Biographin, sieht weiter. „Die Eheschließung ist die Legitimation seiner Freiheit", vermutet sie und stellt fest: „Das Ehejahrzehnt gehört fast ausschließlich dem Werk." Der berechnende Akt eines Lebensgefährten, der seine Ruhe haben will?

Etwas anderes liegt näher: dass August den Ausschlag gab. Der Einfluss der heranwachsenden Söhne auf die Lebensethik der Eltern, vor allem der Väter, ist nicht zu unterschätzen. Väter sind gegenüber ihren Kindern immer schwächer als man denkt. „Wir hängen ab von den Kreaturen, die wir gemacht haben", das war am Frauenplan beim Verfasser des schönen Wortes nicht anders! Wer weiß, was im Hause Goethe zwischen dem Siebzehnjährigen und dem Vater vorgefallen ist? Hat er dem Vater im Zorn die Situation der Mutter um die Ohren gehauen? Ihm Sachen gesagt, die weder Christiane noch die übrige Umgebung äußern durften? Gab es etwa längst einen Zweifrontenkrieg im Hause Goethe, der nicht in die Literaturgeschichte eingegangen ist? Christiane und August gegen den „Alten", die Wohnetage gegen die Hinterzimmer am Frauenplan? Diesen Krieg, man weiß es, verlieren immer die Alten. Also hat auch er ihn verloren? So war es vermutlich in erster Linie Augusts Schicksal, das ihn nach der Schlacht bei Jena und Auerstedt zu der berühmten Bitte an den Oberkonsistorialrat zwang: „Ich will meine kleine Freundin, die so viel an mir gethan und auch diese Stunden der Prüfung mit mir durchlebte, völlig und bürgerlich anerkennen." Die Gelegenheit war ungünstig-günstig. Weimar drei Tage lang von den Franzosen geplündert. Jeder hatte mit sich selbst zu tun. Also keine gaffenden Zuschauer, die sich die Sensation nicht entgehen lassen wollten: der Minister heiratet sein „Verhältnis". **Carl Ludwig Fernow**, Hofbibliothekar Anna Amalias und Italienischlehrer der Weimarer Schlossclique (auch er schläft um die Ecke hinter der Sakristei) übermittelt dem ehemaligen Weimarer Karl August Böttiger, der inzwischen in Dresden lebt, einige Tage nach dem Chaos den mokanten Satz nach Dresden: „Sie ist also wahrscheinlich die einzige, die in dieser allgemeinen Noth ihren Schnitt gemacht hat." Und der untersteht sich nicht, den Satz, von dem er weiß, wie er den Geheimrath treffen wird, in einem Bericht über die Kriegskatastrophe für die Allgemeine Zeitung zu übernehmen. Natürlich hilft er noch etwas nach (es soll ja auch wehtun am Frauenplan!): „... so zog sie allein einen Treffer, während viele tausend Nieten fielen", schreibt er.

Mit einer wohltemperierten Antwort schlägt der Getroffene den geifernden Hochzeitskommentatoren die Feder aus der Hand. „Ich bin nicht vornehm genug, dass meine häuslichen Verhältnisse einen Zeitungsartikel verdienten; soll aber was davon erwähnt werden, so glaube ich, daß mein Vaterland mir schuldig ist, die Schritte, die ich tue, ernsthaft zu nehmen ...", lässt er über seinen Verleger Cotta verbreiten.

„Du kannst Gott für diese Frau danken", schreibt ihm die Mutter später, als sie Christiane kennen gelernt hat. Ob es eine kleine private Hochzeitsfeier am Frauenplan gegeben hat? Wenigstens eine (inzwischen einundvierzigjährige) glückliche Braut inmitten der furchtbaren Plünderungstage?

Zehn Jahre später kehrt Christiane zum letzten Mal hierher zurück. Nach dem einsamen Sterben am Frauenplan bringt man sie ins Totenhaus, das an der Nordmauer des Jakobskirchhofs steht. Dorothea

Wagenknecht, die Totenfrau, bleibt bis zur Beerdigung am 8. Juni bei der Leiche. So ist es vorgeschrieben. Das Mütterchen näht in den beiden Tagen das Leichenhemd und summt unablässig, vor allem in der Nacht, Choräle gegen die Unheimlichkeit des Ortes und um die Stunden zu vertreiben. Wenige Meter entfernt, wohl ohne dass sie es weiß, ruht der Verfasser eines ihrer liebsten Choräle. Er heißt **Georg Neumark** und sein „Wer nur den lieben Gott läßt walten und hoffet auf ihn allezeit" ist ihr bestens vertraut.

Im thüringischen Langensalza geboren, war der Student auf dem Fußmarsch zur Universität Königsberg in der Gardelegener Heide überfallen und ausgeraubt worden. Mittellos schleppte er sich über den Winter. Dann rettete ihn in Kiel buchstäblich in letzter Minute eine Hauslehrerstelle vor dem Verhungern. So schrieb er angesichts dieses „gleichsam vom Himmel gefallenen Glücks" mit zwanzig Jahren sein Lied. Wie sonst sollte man in diesem Alter solch ein Lied schreiben können?

Jahre später kommt er nach Weimar und macht Karriere als Sekretär der ersten deutschen akademischen High-Society, die sich als „Fruchtbringende Gesellschaft" hier etabliert hat. Er führt den Schriftverkehr der Gesellschaft mit dem gesamten deutschen Adel, und als er mit sechzig Jahren stirbt, wird er mit allen Ehren auf dem Jakobskirchhof beigesetzt. An der Friedhofsmauer vor dem Turmeingang erinnert eine Tafel an ihn. Manchmal singen sie sonntags nebenan sein Lied. Dann lauscht er einen Moment in die Höhe, prüft Reim und Rhythmus seiner Worte und dreht sich zu neuem Schlaf auf die andere Seite. Das geht schon seit 1681 so. Irgendwann werden sie sein Lied nebenan nicht mehr kennen. Im Gesangbuch seiner Kirche steht zwar noch das Lied, für seine Lebensdaten, mit deren Hilfe man früher seine Geschichte verfolgen konnte, war kein Platz mehr. Im Spätsommer 2004, als die Herzogin Anna Amalia Bibliothek ein Raub der Flammen wurde, fraß das Feuer auch den Erstdruck seines Liedes, der seit über dreihundert Jahren in den alten Regalen lagerte. Bis auf den Friedhof warfen die Flammen ihren hämischen Lichtschein.

Einen Abschied hat es für Christiane nicht gegeben. Keine Verbeugung des Herzogs vor der angetrauten Muse. Doch die Nachwelt ist gnädiger. Wer heute zum Jakobskirchhof geht, kommt wegen Christiane. Sie ist das eigentliche Geheimnis der Goethezeit, und die Spötterin Charlotte von Stein auf dem Historischen Friedhof wird hauptsächlich besucht, weil sie am Wege liegt. Caroline Herder, die bis zu ihrem Umzug auf den neuen Friedhof am Poseckschen Garten die ersten fünfzig Jahre gleich neben der Eingangspforte hier vor dem Turm schlief, ist gänzlich grabvergessen, und die stolze Charlotte von Schiller, die einst mit Blick auf Christiane zynisch gefragt hatte: „Welcher Dämon hat ihm diese Hälfte angeschmiedet?", wartet auf dem Alten Friedhof in Bonn mit ihrem Sohn Ernst vergeblich auf Besucher. Es gibt kaum welche. Lediglich ein paar eilige Dealer von der nicht weit entfernten Sozialstation verhandeln an ihrem Grab ihre zwielichtigen Geschäfte. Christiane stellt sie heute alle in den Schatten.

„Er nahm sie, beinahe sofort, in sein Haus, in sein Leben auf", kommentiert die Grande Dame der Goetheforschung Effi Biedrzynski die funkelnde Begegnung. Und Arno Schmidt, der gedopte Eckermann-Bruder aus der Heide, lauert zweihundert Jahre später hinter der Kastanie vorm Gartenhaus und murmelt, brillenreinigend, sein eigenes Freudsches Glaubensbekenntnis: „Intelligenz lähmt, schwächt, hindert?: Ihr werd't euch wundern!: Scharf wie'n Terrier macht se!!"

Dass schon der jüdische Talmud dem jungen Mann empfiehlt, mindestens einmal täglich seinem Weibe beizuwohnen, um den Kopf für die göttlichen Studien frei zu haben, weiß der theologische Analphabet Arno Schmidt natürlich nicht.

Über Goethes Psyche und Sexualität macht sich Anfang der achtziger Jahre auf quicklebendigen 2600 Seiten der amerikanische Psychoanalytiker und Biograph Kurt Robert Eissler, „der letzte Kardinal der Freudkirche", bahnbrechende Gedanken. Er gebiert mit jener Unsinnsgrazie, die manche Ergebnisse der Psychoanalyse zuweilen beeindruckend umgibt, den von vielen Biographen seitdem dankbar übernommenen Mythos vom durch Mutterfixierung und Schwesterbindung die ersten achtunddreißig Jahre seines Lebens „unfähigen" Johann Wolfgang. Als Eisslers Buch 1963 in den Vereinigten Staaten erschien, gehörten solche Deutungen zur Lieblingsphilosophie von Schreibern und Lesern.

Halten wir es jedoch lieber mit der Einschätzung des Psychiaters und Naturwissenschaftlers Hoimar v. Ditfurth, der die Lektüre der „dickleibigen, zweibändigen" Studie über Goethe zwar aufgrund ihrer „sprachlichen und stilistischen Ausdrucksmittel als ästhetischen Genuß" einstuft, aber Eisslers psychoanalytische Interpretationen der Goetheschen Schriften und Äußerungen zu „blühendem Unsinn" erklärt. Es wird hoffentlich nicht nur kollegialer Neid sein.

Als bemerkenswertes Beispiel des auch den Nichtfachmann überraschenden Eissler'schen „Unsinns" führt v. Ditfurth – im Kontext des halsstarrigen „Farbenlehre"-Kampfes Goethes gegen Newton – Eisslers Deutung der Abneigung Goethes gegenüber Newtons Prismenversuchen vor. „Das ‚Quälen' des Lichtes durch die Prismen habe für ihn ‚die Verunreinigung seiner Mutter durch die geschlechtliche Vereinigung mit dem Vater' symbolisiert, die ihn, Goethe, mit Schuldgefühlen erfüllt habe, da er seine Existenz ja als Konsequenz dieses seine Mutter entwürdigenden und beschmutzenden Kopulationsaktes anzusehen gehabt habe."

Beispiele dieser Art finden sich in Hülle und Fülle in Eisslers trotz allem faszinierendem Goethe-Klassiker. Darf auch der Laie hier nachdenklich werden?

Aber ein Problem hat es gegeben. Womöglich 38 Jahre lang. Und in Rom liegt die Lösung. Ein anderer Goethe kommt zurück. Man erkennt ihn nicht wieder. Was ist geschehen? Durch „verschiedene Maßregeln" habe er „die höchste Zufriedenheit seines Lebens in diesen letzten acht Wochen genossen", hält er am 14. März 1788 in Rom fest. Das schreibt einer, der seit zwanzig Jahren allen Ruhm, alle Anerkennung und Zuneigung in Hülle und Fülle verbuchen kann. Also ist in Rom Entscheidendes passiert. Und im Gartenhaus an der Ilm findet es seine Fortsetzung.

Die Morgensonne hat mich auf meiner Bank eingeholt und legt sich sanft auf die helle Grabplatte neben mir, so, als wolle sie die unendlich schönen Verse, die heute Christianes Grab zieren, Lügen strafen: „Du versuchst o Sonne vergebens, durch die düstren Wolken zu scheinen. Der ganze Gewinn meines Lebens ist, ihren Verlust zu beweinen."

Von meinem Platz aus beobachte ich den Sieg der Sonne über den Verfasser der „Farbenlehre". War das die Wahrheit? Unseren Nachrufen ist ja nie ganz zu trauen. Schon gar nicht denen seines Formats.

Du sollst dir vor Schmerz die Zunge durchgebissen haben, hat Johanna Schopenhauer in ihren Briefen verbreitet, sage ich. Und dann hat sie noch berichtet, dass dein lieber August zuletzt nicht mehr zu bewegen gewesen sei, zu dir zu gehen. Karoline von Humboldt hat daraufhin an Charlotte von Schiller geklagt: „Die Schopenhauer schreibt in die Welt allerlei Details herum, die es besser wäre mit Stillschweigen zu übergehen, sie mögen nun wahr sein oder nicht."

„Nahes Ende meiner Frau. Fürchterlicher Kampf ihrer Natur. Gegen Mittag verschied sie. Totenstille in und außer mir", hält er im Tagebuch fest.

Dein Bruder Christian August, der hat wie immer alles zu retten versucht, sage ich zu Christiane. An Bekannte schreibt er, dass der Tod deiner „herrlichen Kraft und Gesundheit ein langwieriges Spiel abgewonnen hat". Er wollte, dass sie diese „herrliche Kraft und Gesundheit", dein unendliches Tanzen und deinen Lebensmut, der deinen Mann so oft rettete und hielt, deine heitere Überlegenheit gegenüber der Weimarer Lumperei, nicht vergessen sollten.

Ich habe neulich ein Tanzstudio für dich gegründet, berichte ich ihr, ein „Christiane-von-Goethe-Tanzstudio". Tatsächlich habe ich in einem Artikel über die Reform des Handelsrechts ein nach den neuen gesetzlichen Bestimmungen jetzt unter diesem Namen mögliches Beispiel eingebaut. Die Fachredaktion der großen Zeitung ließ es wohl durchgehen, weil Christiane von Goethe in dieser Rolle noch immer am besten bekannt ist.

Und dann erzähle ich ihr die Geschichte, die bisher keiner bemerkt hat und worüber sich alle so bedrückt wundern, die Kenntnis von ihr haben. Vierhundert herrliche Seiten hat Thomas Mann darauf verwandt und ist doch nicht so recht dahintergekommen, was sich eigentlich abgespielt hat.

Drei Monate nach deinem Tod tauchen sie in Weimar auf: Werthers Lotte aus Wetzlar, jetzige Witwe Kestner in Hannover, und ihre Tochter Klara. Seitdem er sie als Reichsgerichtspraktikant in Wetzlar fluchtartig verließ und sie in „Werthers Leiden" zu einer der bekanntesten und meistgeliebten Frauen der Weltgeschichte machte, ist fast ein halbes Jahrhundert vergangen. Sie haben sich seitdem nie wieder gesehen. Lottes Schwester, eine jener Kleinen, denen sie im „Werther" so unvergesslich das Brot zuteilt, als er sie zum ersten Mal besucht, wohnt mit ihrem Mann, dem Kammerrat Ridel, in Weimar. Jetzt ist die Gelegenheit günstig, weil du nicht mehr da bist. Es hat sich herumgesprochen in Deutschland. Und so macht sich die unsterbliche Lotte mit ihrer Tochter auf den Weg, offiziell zu den Verwandten, aber eigentlich gilt der Besuch ihm. Die ergraute Witwe mit dem nervösen Kopfzittern will noch einmal Weltgeschichte spielen. Es ist ihr gutes Recht. Ihr Leben lang hat sie die (meistens genossene) Rolle von „Werthers Lotte" repräsentieren müssen. Sogar in China zeichnete man ihr Bild auf Teetassen.

Er hat natürlich von Anfang durchschaut, warum sie jetzt kommt. Solange du lebtest, wollte sie dem „Verhältnis" nicht begegnen. Da kam es gut aus, dass du seit einigen Wochen hier ruhtest. Bildete sie sich ein, sie sei seine eigentliche Geliebte über die Jahrzehnte gewesen? Natürlich musste er sie ins Haus einladen. Am 25. September bat er sie mit den Verwandten zum Essen. Ganz Weimar fühlte mit. Lotte trifft nach so vielen Jahren noch einmal ihren „Werther". Dann die Enttäuschung. Er gibt sich höflich, gleichzeitig unnahbar. Damit hat sie nicht gerechnet. Mutter und Tochter begegnet „so gar nichts herzliches", so dass es „doch mein Innerstes oft beleidigte", klagen sie einem Verwandten.

Deinetwegen hat er sie abblitzen lassen, sage ich. Ganz genau wusste er, wie dieser Besuch terminiert war. Und deinetwegen wollte er nicht herzlich sein. Auch nach deinem Tod wollte er die Beleidigung nicht dulden. Wie sehr er sie durchschaut hat und wie richtig er lag, bestätigt kurz darauf Lottes Tochter Klara in ihrem Brief an den Bruder. Rotzfrech berichtet sie über einen Rundgang durchs Haus von jenem Zimmer, „worin sehr viele Büsten der berühmtesten Schriftsteller unserer Zeit und die hiesige Herzogliche

Familie aufgestellt sind. Auch Goethens und seiner Frauen Büste steht darin ... Gottlob dass sie todt ist, und doch, sollte man es glauben, ehrt er ihr Andenken mit Rührung." Das war der Geist, der in deinen Zimmern Weltgeschichte spielen wollte. Und er hat es ihnen um deinetwillen nicht zugestanden. „... denn aus seinem Innern oder auch nur aus seinem Geiste kam nichts von dem was er sagte", erkennt die gekränkte Tochter messerscharf. Du warst es ihm wert, einen der interessantesten Augenblicke der Weltliteratur zu opfern. Und hat er in seinem Altersgedicht „Der Bräutigam" – es ist eines seiner letzten – nicht auch an den Julinachmittag 1788 gedacht, an dem du ihm wegen deines Bruders im Park auflauertest und zum ersten Mal mit ins Haus gingst und von da an jeden Tag mit leichten Füßen heimlich in aller Frühe über die Wiese ins Gartenhaus schlüpftest? Noch zehn Jahre nach deinem Tod träumt er sich diese Nähe herbei, und wen sonst als dich meint er, wenn es heißt:

Um Mitternacht, der Sterne Glanz geleitet
Im holden Traum zur Schwelle, wo sie ruht.
O sei auch mir dort auszuruhn bereitet!
Wie es auch sei, das Leben, es ist gut.

Alfred Kerr, der sprachgewaltige Mephistopheles in Sachen Literaturgeschichte, will mir die Idylle streitig machen. Sein elendes Wort: „Wodurch wird großer Männer Andenken versehrt? Durch Frauen! ... Hätte Christiane Vulpius den Goethe überlebt – – Kinder, Kinder!", geht mir ausgerechnet jetzt durch den Kopf.

Was hättest du mit seinem Werk gemacht, wenn er vor dir gestorben wäre?, frage ich und schäme mich.

Von der glänzenden Grabplatte säuselt ein Efeublatt auf meinen Fuß. Ich hab's nicht so gemeint, und der Kerr, der spinnt, sage ich und rücke den Fuß versöhnlich an die Grabplatte. Lucas Cranach beobachtet alles von der Kirchenmauer aus.

Am Friedhofsausgang fällt mein Blick zurück auf die alte Jakobskirche. Als ihre schlichte Vorgängerin vor fast einem Jahrtausend an dieser Stelle errichtet wurde, versiegelte man im Altar die auf dem damals schon internationalen Markt erworbenen Reliquien. Unter den wertvollen Schätzen befand sich ein Knöchel, ein Zeh, möglicherweise ein ganzer Finger des Bischofs Irenäus von Lyon, der der Überlieferung nach im 2. Jahrhundert den Märtyrertod starb. Von ihm stammt eines der mächtigsten Worte der Weltgeschichte, fast vergessen und doch in seinem Anspruch dem „Proletarier aller Länder, vereinigt euch" mindestens ebenbürtig, wenn nicht überlegen. Die Geburt des Armeleutekindes Jesus von Nazareth kommentierte Irenäus mit dem unglaublichen Wort: „Die Vernichtung des Todes hatte begonnen!"

Vorsichtshalber lasse ich die weiße Friedhofspforte offen stehen.

„Je böser das Weib,
je schöner die Kneip"

Brudersphären-Wettgesang in der
„Altweimarischen Bierstube"
am Frauenplan

Immer wenn ich den genauen Wortlaut vergessen habe, schlage ich in dem schmalen Bändchen nach und präge mir den Satz wieder ein. Als der Frankfurter Anwalt Johann Wolfgang Goethe ihn schrieb, war er dreiundzwanzig und wusste noch nichts von Weimar oder gar von einem „Goethehaus". Von meinem Platz am Fenster der „Altweimarischen Bierstube" habe ich dagegen diesen zweiten und längsten Teil seines Lebens ständig im Blick. Das kleine Lokal, dem berühmten Haus schräg gegenüber gelegen, warb einige Zeit an der Fassade mit dem kräftigen Banner: „Auch Goethe hat hier schon gezecht." Ich vermute allerdings, dass es eher Sohn August war, der nach abendlicher Tour vor dem Schritt ins unsichere Ehebett hier seinen letzten Schluck nahm.

Manchmal sitze ich lange auf meiner Bank am Fenster, nur gelegentlich beobachtet von zwei Frauen: der aufmerksamen Bedienung hinter der winzigen Theke am Ende des schmalen Raumes und der kolossalen Juno Ludovisi oben im Fenster des Goethehauses. Es ist ein einfaches Lokal, aber es ist nicht ohne Reiz. Dafür sorgt auch eine Sammlung von Gasthausweisheiten, die von einem vorausschauenden Wirt offensichtlich bei allen Renovierungen gerettet wurden. Zuweilen gehen Gäste durch den ganzen Raum, um die an der Wand verewigten Sprüche in Augenschein zu nehmen. Am meisten lachen die Männer dabei über den kleinen Vers „Je böser das Weib, je schöner die Kneip". Vielleicht hat August von Goethe sich auch darüber amüsiert.

Wer ein Buch auf den Tisch legt, entgeht dem Verdacht, zur nördlichen Abteilung jener von Goethe während seiner italienischen Reise besonders in Neapel ausgemachten „Bankschläfer" zu gehören und sich lediglich aufwärmen zu wollen. Ich jedoch bin trotz meines ausgiebigen Verweilens jedem Bankschläfer-Verdacht enthoben. Dafür sorgt die mitgebrachte Lektüre, die ich vor mich auf den Tisch lege.

Heute schützt mich die kleine Ausgabe mit dem sonderbaren Titel „Brief des Pastors zu *** an den neuen Pastor zu ***". Die Auslassungssternchen stehen tatsächlich im Original. Goethe war bei der Veröffentlichung sehr daran gelegen, nicht als Verfasser erkannt zu werden. Deshalb schlüpfte er in das anonyme Gewand und legte zusätzlich die falsche Spur, das Ganze „Aus dem Französischen" übersetzt zu haben, wie der Untertitel behauptet. Das Büchlein enthält jedoch nichts anderes als die noch heute faszinierende Summe der religiösen Weltanschauung des Dreiundzwanzigjährigen, die sich nach einer pietistischen Verengung des Neunzehnjährigen („Mich hat der Heiland endlich erhascht ...", schrieb er damals einem Freund) zu jener religiösen Toleranz weitete, die sein späteres Leben und Werk ausmacht und die das „fromme Deutschland" aller Schattierungen bis heute ärgert oder die es hilflos ignoriert.

Der eigenartige Satz aus dieser Schrift, den ich mir wieder einmal einprägen will, lautet: „Welche Wonne ist es zu denken, daß der Türke der mich für einen Hund, und der Jude der mich für ein Schwein hält, sich einst freuen werden meine Brüder zu sein."

Es gefällt mir, wie hier einer vor über zweihundert Jahren den Spieß umdreht: der Christ, aus Sicht des muslimischen Türken seinerzeit höchstens im Wert eines Hundes und nach der religiösen Einschätzung des rechtgläubigen Juden nur ein Schwein (mit dem er sich, dem Juden unerträglich, zudem in seiner Ernährung gemein macht)! Und alle drei Rechtgläubigen, die um den „Nachweis" der Wahrheit bis in die Gegenwart blutige Kämpfe führen, werden sich, so Goethe, einst stolz ihrer Brüderschaft freuen. (Lessings „Nathan", daran sei erinnert, enthüllt das Geheimnis der „drei Ringe" erst 1779, sechs Jahre nach Goethes „Brief des Pastors"!)

Meinen zufälligen Tischgenossen scheint der Titel der eigenartigen Schrift eher zu beunruhigen. Ohne rechten Erfolg versucht er hinter seinem Halbliterkrug Buch und Leser fürs eigene Wohlbefinden zu taxieren.

Wer kennt sie nicht, diese stummen Gedankenschlachten mit unbekanntem Gegner?

„Goethe", sage ich, „anonym erschienen", und halte den Titel ein wenig in die Höhe.

„Hätte ich nicht gedacht", sagt mein Gegenüber. „Ich glaubte, eher was von der Kirche. Ist mir ganz unbekannt", gesteht er und ergänzt nach einem tiefen Zug aus dem jetzt fast leeren Glas: „Wir haben in der Schule nur richtige Sachen von Goethe gelesen, den ‚Faust' zum Beispiel!"

Ich meine in Wort und Blick jene leise Überlegenheit zu spüren, die früher berufsmäßigen Lehrkräften für die Vermittlung der Grundlagen des Marxismus-Leninismus bei der Behandlung des Themas Christentum automatisch in Konzept und Gestus glitt. Es macht mir Mut zur Attacke.

„Der ‚Faust' ist noch viel frommer als dieser ‚Brief des Pastors' hier, wenn Sie das meinen", sage ich. „Gretchen wird bekanntlich am Ende vom Himmel mit den Worten ‚ist gerettet' rehabilitiert, und selbst der Teufel wird nach Goethe wieder aufgenommen in die göttliche Vollkommenheit. ‚Wiederbringung aller' nennt man das. Es ist die Vorstellung, dass am Ende der Zeit die ganze Welt erlöst und damit wieder heil wird. Selbst das Böse findet zu Gott zurück. In dieser Schrift des jungen Goethe ist die Weisheit des alten von nebenan bereits komplett enthalten. Keine wesentlichen Änderungen. Also ebenfalls eine ‚richtige' Schrift."

Mein Gegenüber scheint beeindruckt. „Und Sie glauben an solchen Unsinn wie göttliche Erlösung?"

„Was glauben denn Sie?", frage ich und beschließe,

ihm als kleine Rache für den „Unsinn" einige Kübel ihm sicher unbekannter abendländischer Theologie über das vermutlich gut ausgebildete Marxismus-Leninismus-Haupt zu schütten. Auf einem theologie-durchtränkten Boden wie Sachsen-Thüringen muss es erlaubt sein, die alten Waffen zu ziehen. Sind sie doch drüben in Erfurt, in Wittenberg und auch hier in Weimar, einer Hochburg des Protestantismus, besonders scharf geschmiedet worden. Zweitausend Jahre Christentum gegen fünfzig Jahre wissenschaftlichen Atheismus!

Ein zweites Schwarzbier ist bestellt.

„Ich deute den ‚Faust' in erster Linie aus gesellschaftspolitischer Sicht. Es geht um den Fortschritt der Menschheit, letzten Endes um soziale Gerechtigkeit und Frieden. Man kann das an vielen Stellen nachweisen", klärt mich mein Tischgenosse siegesbewusst auf.

Mir lacht das Herz. Das alte DDR-„Faust"-Lied: „‚Solch ein Gewimmel möcht ich sehn, / auf freiem Grund mit freiem Volke stehn', Faust II, 5. Akt", zitiere ich vorauseilend. Die Verse genossen in der DDR in allen feierlichen Reden Kultstatus. Man sonnte sich bei jeder politischen Gelegenheit in dem Goethewort.

„Sie meinen Walter Ulbrichts und Johannes R. Bechers Version vom vorsozialistischen Goethe? Das vorausgesagte ‚Gewimmel auf freiem Grund' hat ja tatsächlich am Abend des 9. November 1989 stattgefunden. Schade, dass Ulbricht und Becher es selbst nicht mehr miterleben konnten im Gegensatz zu Erich und Margot Honecker, die ihrerseits die Umsetzung der DDR-‚Faust'-Deutung vom ‚freien Volk auf freiem Grund' hautnah beobachten durften. Mit Literatur spaßt man nicht. Sie ist gefährlicher als alles Parteitagsgerede der Welt. Das Volk traut, wenn es darauf ankommt, ausschließlich dem Dichter, nicht dem Politiker. Das hätten Ulbricht, Becher und die beiden Honecker wissen müssen."

Mir ist nicht ganz wohl. Einen harmlosen Biertrinker am gemeinsamen Kneipentisch so zu überfallen. Außerdem gerate ich in Wessi-Siegerpose, eine ekelhafte Rolle.

Mein Gegenüber gibt der aufmerksamen Bedienung ein Zeichen. Schon füllt sie ein neues Glas.

„Das mit dem ‚freien Volk' kann man auch anders sehen", bemerkt er, „wir haben da wohl einen unterschiedlichen Betrachtungswinkel." „Aber", fährt er fort und beeindruckt mich nicht wenig mit seiner Gesprächskonsequenz, „wir sprachen über die ‚Erlösung der Welt', gibt es Neues dabei zu vermelden?"

Wieder weht mich ein Hauch jener vertrauten alten marxistischen Argumentationshoheit an. Aber jetzt passt es mir gut. Es pariert sich besser so.

„Nein, nichts Neues gibt es unter der Sonne zu vermelden. Die alten Antworten, die seit Jahrtausenden beruhigen, sind nach wie vor gültig, trotz aller zeitweiligen Bemühungen, sie außer Kraft zu setzen", antworte ich: „Sie wissen ja sicher, was Sinn und Ziel all dieser Verhältnisse von Sonnen und Monden, Milchstraßen und Galaxien, Zeit und Unendlichkeit ist, nämlich das Lachen der erlösten Schöpfung vor dem Thron Gottes."

Mein „Sie wissen ja sicher" ist natürlich eine rhetorische Gemeinheit. Nicht im Traum würde mein

Gegenüber auf meine Antwort kommen. Und ich bin noch nicht fertig.

„Oder was lehrt man zum Beispiel im Marxismus, warum es den Menschen gibt? Das ständige Kraxeln der Weltgeschichte, dieses Einsammeln und Zusammenfegen der Generationen durch den riesigen Weltbesen muss doch irgendeinen Sinn haben", frage ich, ohne eine Antwort abzuwarten. „Soziale Gerechtigkeit, klassenlose Gesellschaft, Paradies auf Erden, alles hervorragende Antworten und trotzdem, wenn man es genau betrachtet, lediglich philosophische ‚Fünf-Minuten-Terrinen'. Zudem kann jeder Bösewicht diese bescheidenen ‚Fünf-Minuten-Terrinen' jederzeit zum ungenießbaren Fraß umwandeln, was, solange auch nur zwei Menschen auf der Erde leben werden, einen von beiden immer wieder reizen wird."

Ich weiß, dass ich meinem Gesprächspartner höchst Befremdendes zumute. Doch der vermeintliche Überlegenheitsstachel sitzt mir immer noch im Fleisch und lässt mich übermütig vorpreschen.

„Ich will Ihnen sagen, warum es den Menschen gibt!", fahre ich fort. „Gott brauchte jemanden, der den ganzen Laden bewundern sollte. Die Engel waren zu schlicht dazu. In der Schöpfungsordnung stehen sie unter dem Menschen. Deshalb schuf er ‚den kleinen Gott der Welt', wie Goethe drüben ihn im ‚Faust' genannt hat. Der sollte das Ganze als halbwegs Gleichberechtigter bewundern, sogar mit der Möglichkeit der (natürlich auch bei Gott unerwünschten) Kritik. Der Mensch ist nur dazu da, um diese Eitelkeit Gottes zu befriedigen. Theologen und Dichter haben das von Alters her so ausgedrückt: der Mensch lebt nur zur Ehre Gottes. Einen anderen Zweck hat er überhaupt nicht. Eine Kerze zum Ruhme Gottes anzuzünden ist deshalb vermutlich eine klügere und für die Menschheit weitaus wertvollere Leistung als einen Nobelpreis zu erringen. Und", ergänze ich, "es ist eine wunderbare Existenz. Eine bessere Daseinsberechtigung kann man sich gar nicht wünschen. Es gibt keinen lächerlicheren Scherz als den von der Selbstbestimmung des Menschen. Das Ganze läuft offenkundig nach einem ausgeklügelten Plan. ,Vorherbestimmung' nennt man das, oder, etwas fachlich-feierlicher: Prädestination. Goethe da drüben ist sogar so weit gegangen, dass er den ,Plan' für die Zeit nach seinem Tod eingeklagt hat: ,,... so ist die Natur verpflichtet, mir eine andere Form des Daseins anzuweisen, wenn die jetzige meinem Geist nicht ferner auszuhalten vermag', hat er zu Eckermann gesagt."

"Ich bin Mathematiklehrer und finde Ihre Gedanken zwar interessant, aber anfangen kann ich nichts damit", sagt mein Gegenüber. "Mir reichen die Grundlagen des wissenschaftlichen Atheismus als Erklärung für die Entstehung und Deutung der Welt und auch für den Sinn des menschlichen Lebens. Das ist mir alles zu unrealistisch, zu harmonisch, was Sie da sagen."

Ich habe keine Lust, unseren Disput von der alten Zauberfloskel des sogenannten wissenschaftlichen Atheismus totschlagen zu lassen. Zu gering ist mein Respekt vor einer Wissenschaft, die nicht einmal ein Prozent der elementaren Fragen, die uns umtreiben, beantworten kann und sich womöglich noch verbieten lässt, sie überhaupt zu stellen. Welchen Grund kann es geben, den ganzen überlieferten Reichtum

der Menschheitsgeschichte an Antwortmöglich-
keiten nach dem „Woher" und „Wohin" nicht bis
zum letzten Gedanken auszuschöpfen? Gibt es überhaupt eine andere Begründung für Wissenschaft?
Goethes Wort, „daß alle diejenigen auch für dieses
Leben tot sind, die kein anderes hoffen", ist nicht
ohne Gewalt.

Ich will meinem Schwarzbierkollegen noch etwas
Reizstoff bieten. „Sie sprechen von zu viel Harmonie in
meiner Darstellung der Dinge", sage ich, „haben Sie
einmal davon gehört, dass ausgerechnet Johannes
Kepler, der große Mathematiker und Astronom, die
ganze Schöpfung für ein harmonisches Orchester hielt?
,Ich fühle mich hingerissen und besessen von einem unsäglichen Entzücken über die himmlischen
Harmonien', schwärmt er nach der Berechnung der
Planetenbahnen, die ihm als erstem Menschen vergönnt war, und prophezeit: ,Gib dem Himmel Luft,
und es wird wirklich und wahrhaftig Musik erklingen.' Kepler geht also noch weiter", sage ich, „er vermutet im gesamten Kosmos, in all seinen Erschei-
nungsformen und Gesetzmäßigkeiten, nichts anderes
als das Lob Gottes. Gesungen selbst von Planeten
und Galaxien, die dem Menschen offenbar nicht
nachstehen wollen in seiner Hymnenfähigkeit. Er da
drüben hat Keplers Gedanken von der Schöpfungs-
musik ja begeistert in seinen ,Faust'-Prolog übernommen, und zwar als ersten Satz: ,Die Sonne tönt nach
alter Weise / in Brudersphären Wettgesang.'"

Mein Gegenüber blickt nachdenklich in sein Glas,
während ich dem Juno-Kopf oben am Fenster zunicke.
Goethes „erste Liebschaft in Rom" (so nennt er die

Juno-Büste im Brief an Charlotte von Stein) versteckt sich ein wenig vor meinem Blick aus dem Kneipenfenster, ähnlich wie sie es bei ihrer Entdeckung durch den Altertumsforscher Winckelmann tat, als er sie im Dickicht des verwilderten Gartens der römischen Villa Ludovisi aufspürte, von der sie ihren Namen hat.

„Hat man diese Sicht der Dinge nie im Marxismus-Leninismus-Seminar besprochen?", frage ich. „Man muss doch wissen, was der Gegner denkt."

„Wir betrachteten die Welt etwas mehr durch die naturwissenschaftliche Brille", versichert mein Gesprächspartner. „Wir waren da im Osten, so scheint mir, doch weiter in der vernünftigen Erklärung der Welt."

„Das mag in mancher Hinsicht stimmen", antworte ich. „Allerdings gönnte man sich im Westen den Luxus konkurrierender Betrachtungsweisen und war deshalb vorsichtiger beim Wegwerfen der alten Schätze europäischen Denkens. Vielleicht, weil man keiner einseitigen Staatslehre oder Philosophie verpflichtet war. Mit der Zuspitzung der Weltdeutung auf den Marxismus-Leninismus ist Ihnen in der DDR um ein Haar ein Jahrtausend Geistesgeschichte abhanden gekommen. Haben Sie zum Beispiel einmal von dem Gottesbeweis des Engländers Anselm von Canterbury gehört?", frage ich scheinheilig.

Ein zurückhaltendes, aber dennoch im Bewusstsein der eigenen Überlegenheit souveränes „Nie gehört!" ist die ehrliche Antwort.

„Der englische Theologe und Philosoph hat schon vor etwa 900 Jahren einen sogenannten Gottesbeweis geliefert. Er geht davon aus, dass es einen Schöpfer, einen Weltbaumeister, geben muss, weil es eben die Welt gibt. Unser Denken hat zwei Grenzen, sagt Anselm von Canterbury. Eine Obergrenze, die darin besteht, dass wir nichts Höheres als das göttliche Prinzip denken können, und eine Untergrenze, die darin besteht, dass wir nicht das Nichts denken können. In einem solchen ‚Aquarium' schwimmen wir also unsere Jahre umher, fliegen darin inzwischen zum Mond und weiter, wie es aber außerhalb dieses Aquariums aussieht, davon wissen wir nichts. Oder können Sie sich vorstellen, dass ein Goldfisch eine Ahnung davon hat, wie es im Keller oder auf dem Dachboden aussieht, geschweige denn, dass er sich ein Bild vom Hermsdorfer Kreuz oder vom Himalaya machen kann? Wenn man es genau nimmt, ist der Erfahrungsraum des Goldfisches im Tischaquarium sogar größer als unser Erkenntnisradius. Seine Welt ist räumlich ausgedehnter als das im Vergleich zum gesamten Kosmos uns zur Verfügung stehende Aquarium. Wir haben es also, wenn man so will, bei unserem Goldfisch mit einem im Vergleich zu uns größeren Kosmopoliten zu tun. Er verfügt im Maßstab über mehr Weltkenntnis als wir. Unser Becken ist kleiner, begrenzter. Das ist besonders angesichts der ‚Gottähnlichkeit', die uns zugesprochen ist, kaum zu ertragen. Unsere Großartigkeit liegt möglicherweise aber darin, dass offenkundig wir am intensivsten über unser ‚Aquarium' nachdenken können."

„Gottesbeweise? Gab es so was wirklich bei Ihnen im Westen?", fragt mein Gegenüber lächelnd.

„Die sind wahrscheinlich so alt wie die Menschheit und haben mit Ost oder West wenig zu tun. Nehmen

Sie zum Beispiel den ‚moralischen Gottesbeweis‘, der völlig freischwebend und ohne jede ‚Weltbaumeistertheorie‘ behauptet, dass es einen Gott geben muss als Garantie von Sittengesetz und Gewissen und dass ohne höhere, endgültige Instanz letzten Endes kein Zusammenleben möglich ist. Und das Merkwürdigste ist, es geht gar nicht anders, nur er garantiert, dass ein ‚Sieg der Ungerechtigkeit‘, dessen Annahme für jeden Menschen ja nicht einmal in der Vorstellung auszuhalten ist, nicht möglich wird. Kein Kommunist oder Christ kann mit dem Gefühl ins Grab gehen, dass die Brutalinskis dieser Welt – nehmen Sie Hitler oder Stalin oder auch nur jemanden aus Ihrer Umgebung, der Ihnen das Leben zur Hölle macht – letzten Endes recht gehabt haben und recht behalten. Es muss abgerechnet werden. Ohne die Vorstellung einer Endgerechtigkeit ist jeder Lebenstag nichts als eine unendliche Tortur. Bevor das Lachen der Schöpfung anheben kann, muss Gerechtigkeit hergestellt sein. Oder aber, es erwartet uns ein göttliches Prinzip der Gnade, das unseren gegenwärtigen Erkenntnismöglichkeiten überhaupt nicht vorstellbar ist. Sozusagen eine göttliche ‚Überraschung‘, die unser gesamtes ‚Gerechtigkeitsbedürfnis‘ außer Kraft setzt.“

„Ich ehre Ihre Gedanken“, sagt mein Gegenüber. „Aber ich fürchte, ‚es rettet uns kein höh'res Wesen, kein Gott, kein Kaiser noch Tribun, uns aus dem Elend zu erlösen, können wir nur selber tun‘. Sie wissen schon: zweite Strophe der ‚Internationale‘. In der DDR kannte das jedes Schulkind.“

Im Goethehaus gegenüber verdunkelt die Aufsicht mit geübtem Griff die Fensterreihen zum Frauenplan. In wenigen Minuten ist die Öffentlichkeit wieder ausgeschlossen vom goetheschen Familienleben.

„Vielleicht hat er da drüben mit seinem Appell an das Menschliche eine Lösung zu bieten", sage ich. „Sie stand sowohl bei Ihnen in der DDR als auch bei uns im Westen in allen Lesebüchern, und die meisten Menschen haben ihr über alle sozialistischen und kapitalistischen Mauern hinweg vertraut und trauen ihr wohl immer noch: ‚Edel sei der Mensch, hilfreich und gut!‘, hat er empfohlen."

„Vermutlich ist dieses ‚Edel sei der Mensch, hilfreich und gut‘ tatsächlich die beste Lösung aller Fragen, ob mit Gottesbeweis oder ohne", sagt mein Tischgenosse.

Jetzt bin ich beeindruckt. Was kann ich antworten? Gibt es einen höheren Anspruch als das Menschliche, in dem wir uns begegnen und manchmal ein Stück Paradies erahnen können? Kann es einen religiösen, gar einen dogmatischen Anspruch geben, der diesem Menschlichen überlegen wäre? Kann man denjenigen auch nur eine Minute trauen, die solchen Anspruch präsentieren? Läuft nicht letzten Endes alles auf eine „Ethik der Tat" hinaus?

Ernst Wiechert, der Schriftsteller und stille Protestant, fällt mir ein. In seinem „Totenwald", einem persönlichen Bericht über seine Zeit im Konzentrationslager Buchenwald, sah er sich zu einer Antwort gezwungen. „Die Sehnsucht der Menschen im Lager ging nach dem Menschen", schreibt er, und „was wollte es hier im Lager sagen, daß der eine dieses und der andere etwas anderes glaubte?" Und er berichtet von einem Kameraden, einem saarländischen Kommunisten, der mit ihm im Kipploren-kommando die Sklavenarbeit teilte. „Was gefehlt wurde, nahm er auf seine breiten Schultern", schreibt Wiechert und gedenkt des Leidensgenossen mit dem schönsten Zeugnis, das uns möglich ist: „Du wußtest nichts von Goethe und Mozart. Du glaubtest an keinen Gott und warst ein Hochverräter, aber wenn ein Gericht sein wird, vom dem die Bücher sagen, werden die Richter aufstehen und sich neigen vor dir." Welche Bedeutung aber werden die „Richter" dann dem „Bekenntnis", der „richtigen Konfession" zumessen? Ist diese Frage nicht in erster Linie etwas für unsere Ordnungsliebe, für unser geistliches Buchhaltungsbedürfnis?

„Ich möchte Ihnen zustimmen und mag Ihnen dennoch nicht recht geben, weil es mir so schwer fällt", antworte ich. „In der christlichen Überlieferung zieht sich seit dem Auftreten jenes weltverändernden Jesus von Nazareth das Prinzip der Gnade, der Rechtfertigung des Menschen ohne Einfluss seiner sogenannten ‚guten Werke‘ durch die Geschichte. Da ist eine von Gott verliehene Würde des Menschen, die unabhängig ist von seinen Taten oder Untaten. Alle seine großen Nachfolger und Deuter haben es gelehrt, und zuviel bedeutet dem glaubenden Menschen das Wissen um die religiöse Heimat, das Vermächtnis derjenigen, ‚die von Kindheit an uns Proben ihrer Liebe gegeben‘, wie Lessing es ausgedrückt hat."

„Ich spreche die Gebete, die meine Mutter mich gelehrt hat‘, soll Johannes XXIII. auf die Frage eines Journalisten, was er, der Papst, abends vor dem Einschlafen bete, geantwortet haben", sage ich. „Und so ging und so geht es wohl den meisten Menschen überall auf der Welt. Wir haben nichts Größeres und Besseres als das, was Mütter und Väter uns gelehrt haben. Selbst wenn sie uns nichts gelehrt haben, ahnen wir dennoch, was es gewesen sein könnte, das sie uns aus Unvermögen oder Verzagtheit vorenthielten. Es kommt am Ende alles auf diese ‚Muttermilch' an. Wissenschaft, Kunst und Politik können sie nicht ersetzen. Sie sind weder der Verzweiflung noch dem Glück gewachsen."

„Haben Sie einmal von der Geschichte des Moskauer Professors gehört, der im Zuge eines Beförderungsverfahrens einen Vortrag über den Nachweis der Unmöglichkeit einer Existenz Gottes zu halten hatte?", frage ich. „Weil für ihn viel von der Beförderung abhing und ein Rivale um denselben Posten ihm auf den Fersen war, flehte der Sohn einer frommen Mutter Gott, dessen Nichtexistenz er beweisen sollte, in einem Stoßgebet um Hilfe und Beistand an. Sein Vortrag über die Unmöglichkeit der Existenz Gottes beeindruckte, und er bekam den Posten. Ein herrliches Beispiel für die ‚Muttermilch', von der wir uns nie ganz lösen können. Der Schriftsteller Arno Schmidt hat es platter formuliert: ‚Wir sind alle Heinis', hat er sich und uns bescheinigt."

„Aber auch die religiöse ‚Muttermilch' scheint mir nicht ohne Lebensrisiko", sagt mein Gesprächspartner. „Nehmen Sie den schon bemühten Adolf Hitler. War er nicht von eben dieser ‚Muttermilch' her ein getaufter Christ? Mit vermutlich jeden Tag einer Stunde Religionsunterricht in der Kindheit, einschließlich

Kommunion oder Konfirmation, wie Sie sagen. Und was ist dabei herausgekommen? Oder nehmen Sie seinen Todesstatthalter Heinrich Himmler. Mit vermutlich ähnlicher ‚Muttermilchprägung'".

Wieder muss ich mich geschlagen geben. Was kann ich antworten? Hat die Christenheit etwas, womit sie jedem Humanismus überlegen ist? Wo ist die Kraft von zweitausend Jahren Christentum gegen ein kleines Menschenalter wissenschaftlichen Atheismus? Von „wehrloser Wahrheit" spricht der Theologe Hinrich Stoevesandt angesichts der Konfrontation des Christentums mit Ideologien und Weltreligionen. Ja, der Prediger aus Nazareth tritt noch immer mit seiner stärksten Waffe auf: der Wehrlosigkeit!

„Wenn es Erlösung und ein befreites Lachen der Schöpfung geben soll, dann wird es nur außerhalb unserer Bemühungen geschehen können", sage ich. „Weder auf die Kirchengeschichte noch auf den Sozialismus ist Verlass. Was bleibt, ist eine Hoffnung. Sie macht den Christen unüberwindbar. Er geht sogar mit ihr ins Grab. Da können Marx und Engels, Lenin oder wen sie wollen, einfach nicht mithalten."

„Ich fürchte, wir werden nicht umhinkommen, unsere Erlösung, wie Sie es nennen, selbst in die Hand zu nehmen", sagt mein Gegenüber und fährt lachend fort: „Ebenso wie wir nicht umhinkommen, unsere Zeche bei der Bedienung selbst zahlen zu müssen."

Längst hat sich unser ideologischer Schwarzbierkrieg zu einem respektvollen Brudersphären-Disput entwickelt.

„Die Welt ist groß genug, dass wir alle darin unrecht haben können, hat derselbe Arno Schmidt zu bedenken gegeben. Vielleicht gilt der Satz auch umgekehrt, und sie ist vielleicht sogar groß genug, dass wir alle darauf recht haben können", sage ich, während ich Goethes „Brief an den Pastor zu***" in die Jackentasche stecke.

Meine Juno Ludovisi drüben im Goethehaus ist nicht mehr zu erkennen. Sie hat sich für die Nacht ins Dickicht der goetheschen Wohnräume zurückgezogen.

Vor der Kneipentür wende ich mich nach links und biege zu Eckermann in die Brauhausgasse ein. Tausendmal bin ich an seinem Haus vorbeigegangen, und jedesmal macht es mich wieder glücklich. „Dieser Mann, er ist mit allem im Reinen", hat Hebbel bewundernd über ihn gesagt, und ein anderer bescheinigt ihm, dass in seinem Werk „keine Anklage gegen Gott wegen fahrlässiger Weltschöpfung" zu finden sei.

„Meyer trank keinen!", hat er unter dem Datum 27. Februar 1824 hinter den kleinen Fenstern dort oben notiert, nachdem Goethe und er zusammen ein paar Gläser zuviel geleert hatten, während der vernünftige Meyer die Szene beobachtete.

„Koch trank einen mit!", rufe ich leise hinauf.

„Als wären wir
der Mittelpunkt der Welt"

Die ewig wechselnde Substanz
am Weimarer Donndorfbrunnen

Im Weimarer Buchhandel habe ich überraschend drei fehlende Goethe-Jahrbücher gefunden: 1907, 1929 und die seltene erste Nachkriegsausgabe von 1947. Lese mich in meinem Appartement bei Buchbinder Feder sofort im Band 1929 in einem Beitrag über Goethe und Spinoza fest. Der holländische Glasschleifer dürfte zu den wenigen gehören, die Goethe lebenslang ungebrochen verehrt hat. Er bezeichnet Spinozas Satz „Wer Gott liebt, kann nicht erwarten, dass Gott ihn wiederliebt" als seinen täglichen „Abendsegen" und trägt Spinozas „Ethik" bis ins hohe Alter auf Reisen bei sich.

Dabei ist das Werk nicht ohne. Auch Goethe hat seine Schwierigkeiten damit. „Ich will nur sehn wie weit ich dem Menschen in seinen Schachten und Erdgängen nachkomme", schreibt der Fünfundzwanzigjährige bewundernd. Gemeinsam mit Herder studiert er den jüdischen Philosophen, der in den Niederlanden lebte.

Und wie er ihn studiert! Alle seine frühen poetischen Kinder, ob Prometheus, Ganymed, Werther oder Faust, verraten die Vaterschaft des holländischen „Gott ist Natur"-Philosophen Spinoza. Herder, der lutherische Generalsuperintendent, steht Goethe in seiner Verehrung Spinozas nicht nach. Zudem verführt er, der Seelsorger, der sonntags den „Gott Abrahams, Isaaks und Jakobs" predigt, auch Charlotte von Stein zur Spinoza-Gefolgschaft. Und gerade dieser „persönliche" Gott, der sich unserer annimmt und über uns wacht, ist Spinoza gänzlich fremd.

„Gott ist Natur", so lautet das Glaubensbekenntnis des Pantheismus, jener von Spinoza begründeten Lehre, nach der Gott das Leben des Weltalls selbst ist und die Weltgeschichte nichts anderes als ein ewiges Auf und Ab „natürlicher" und damit „göttlicher" Prozesse. Eine ungeheure Brüskierung aller erweckten Bibel- und Heilandsgläubigkeit, die Kosmos und Weltgeschichte so gern nach ihrer persönlichen Glaubenspfeife tanzen lässt.

Nicht zu Unrecht nennt Heinrich Heine den jungen Goethe später einen „Spinoza der Poesie". Und auch der fast siebzigjährige Dichter am Frauenplan spricht bei dem von den eigenen Leuten exkommunizierten Juden Baruch de Spinoza noch immer von seinem „alten Herrn und Meister", während der ehemalige Spinoza-Jünger Heine, dem es in seiner Pariser Matratzengruft nicht vergönnt ist, dem Tod in der erhofften Weise („... und man dreht sich herum und schläft ein und Alles ist bezahlt") zu begegnen, reumütig zum „Gott der Väter" zurückkehrt. (Heines Abrechnung mit dem Pantheismus ist hochinteressant. Wer sich ihr aussetzen will, nähere sich ihr in den Anmerkungen zu dieser Seite. Wer einen eigenen Pantheismus unbeschädigt erhalten möchte, meide sie.)

Im Jahrbuch von 1929 bringt der Autor Eugen Kühnemann aus Breslau Spinozas Weltsicht beeindruckend auf den Punkt. „Indem wir uns in der Selbstdurchsetzung suchen, verlieren wir uns an die Dinge ... Wir leben ..., als wären wir der Mittelpunkt der Welt, eine Natur in der Natur, und die Dinge hätten die Pflicht, sich nach unsern Wünschen zu richten. Aber sie folgen vielmehr dem eigenen Gesetz: Enttäuschung, Gram, Verbitterung sind die Folge ..." Was ist die Rettung? „Die große Gleichung ergibt sich von selber: wie der Wahn die Knechtschaft, ist die Wahrheit die Freiheit. Wer in der Wahrheit lebt und in allem die ewige Notwendigkeit der gesetzlichen Zusammenhänge begreift, wird frei von der Welt, da er sie nicht auf sich als den Mittelpunkt bezieht", referiert der Verfasser den Weisen und jauchzt: „Hier kommt Spinoza zu einem der größten Worte, die Menschenmund gesprochen hat – wir sollten es auf eine Tafel am Ende unseres Bettes schreiben, um jeden Morgen mit ihm und zu ihm zu erwachen: ‚Alle Affekte des Freien sind Affekte der Freude.'"

Ich lese die wunderbaren Zeilen noch einmal. In der Akzeptanz der „ewigen Notwendigkeit" der Naturabläufe (der „Affekte des Freien"), so wie sie mit uns und an uns geschehen, soll das Geheimnis liegen, das uns jeden Morgen so stark machen könnte, dass tiefe existenzielle Freude uns ergreift? Das Bekenntnis der kranken Schriftstellerin Sandra Paretti fällt mir ein, ihre „Akzeptanz" der zerstörenden Krebszellen als Teil des eigenen Daseins. „... habe ich es doch mit der Krankheit wie mit dem Leben gemacht, ich umarmte sie, und siehe da, sie wurde mein letzter Geliebter", verabschiedete sich die Schriftstellerin in ihrer selbst entworfenen Todesanzeige. Aber können wir das, was uns zerstört, was uns Angst macht, was das eigene oder geliebtes Leben kostet, als „ewige Notwendigkeit" akzeptieren? Sind wir so stark? Nein, wir sind nicht so stark! Dennoch sind wir gezwungen, uns der Natur zu beugen und ihre Demütigung auszuhalten.

Aus dem Fenster meines Zimmers in der Rittergasse fällt der Blick auf das alte Franziskanerkloster, in dem Luther auf der Reise nach Worms gepredigt hat.

„Sprich nicht so laut, Bruder Martinus", rufe ich hinüber, „ich lese gerade Spinoza". „Wer ist Spinoza?", tönt es zurück. „Baruch de Spinoza, anderthalb Jahrhunderte nach dir geboren, dein Amtsbruder Herder an St. Peter und Paul behauptet, dass Spinozas ‚Ethik' seine eigentliche Bibel sei!" „Vermaledeiter Narr", höre ich es aus der jetzigen Musikhochschule fluchen. Ich weiß nicht, ob er Spinoza, Herder oder mich meint.

Unter meinem Fenster rauscht unablässig der Donndorfbrunnen. Weshalb erinnert mich das Fließen des Wassers an Spinoza und seine Lehre von der Natur, deren ewigen Gesetzen alles unterliegt? Alfred Kerr, der Journalist und Weltreisende, ist dem armen Brillenschleifer im philosophischen Königsornat an die holländische Küste nachgereist, lange bevor Spurensucher wie Dietmar Grieser oder Horst Krüger die „Schauplätze der Weltliteratur" einer eigenen Würdigung unterzogen.

Kerrs nüchternes Urteil über den „Gott des 18. Jahrhunderts": „Hätte der Mann im Binnenlande gelebt, im Gebirg: er wäre nie zur Lehre von der Substanz gekommen, von der ewig wechselnden, endlosen Substanz. Der Kern dieser Philosophie ist bestimmt aus dem Anblick des Meers erwachsen, das in allen seinen Wohnsitzen in Westholland ihm nahe blieb."

Hätte dies Urteil die Weimarer Spinoza-Gläubigen erschüttert? Wohl kaum. Dem Naturwissenschaftler Goethe würde es eher imponiert haben. Die Natur spiele ein Schauspiel für uns, während wir in der Ecke stehen und ihr zusehen, hat er behauptet. Spinozas Philosophie, geboren aus dem Wellengang des Meeres, jener ewigen Gesetzmäßigkeit des Kommens und Gehens, dem Geheimnis aller Natur?

Der plätschernde Brunnen unter meinem Fenster scheint mir plötzlich Spinozas Lied zu singen. Nimmt er heimlich teil am Mechanismus der ewig wechselnden Substanz und des Werdens und Vergehens? Führt er dort unten ein Schauspiel vor?

Die sechsundzwanzig Seiten im Goethe-Jahrbuch 1929 haben mich in eine andere Welt geführt. Aus der Musikhochschule klingt inzwischen eine zarte Violine herüber. Die Zeit steht still. Aber wir merken es nicht.

ANMERKUNGEN

„Flaschen guten Weins im Keller" hat der Verleger Siegfried Unseld Anmerkungen in Büchern genannt. Im Folgenden wird immer dann eine „Weinflasche" eingelagert, wenn ein weiterführender Hinweis von Interesse sein könnte. Goethezitate werden des Umfangs wegen nur in Ausnahmefällen nachgewiesen. So bleibt es dem Leser überlassen, bei Bedarf in den eigenen „goetheschen Weinkeller" zu steigen, um die eine oder andere „Flasche" zu öffnen. Die angegebenen Ziffern und die kursiv gedruckte Worthinführung weisen Seite und Textbezug aus. Ein ★ bei einer Anmerkung weist auf eine besondere „Spätlese" unter den Anmerkungen hin. Ihr Genuss kann auch ohne Textbezug empfohlen werden.

9 *Mitternacht 31. Dezember 1999* – An diesem Tag endete auch das Jahr, in dem Weimar zur Kulturstadt Europas erhoben worden war.

9 *„Denn wozu dient alle"* – Goethes Werke, Winckelmann, Weimarer Ausgabe (künftig WA) I, 46, S. 22.

10 *beim Kalbschen Haus* – Die Frage, in welchem Haus der junge Goethe am Morgen des 7. November 1775 bei der Familie von Kalb abstieg und zunächst wohnte, wird unterschiedlich beantwortet. Es spricht viel dafür, dass es sich beim Kalbschen Haus um den ursprünglich im Besitz des Deutschen Ritterordens und später nach den Schwarzburger Grafen als „Schwarzburger Hof" bezeichneten heutigen „Sächsischen Hof" handelte. Andere Quellen belegen den ehemaligen Wohnsitz der Herzogsfavoritin Caroline Jagemann, das sogenannte Deutschritterhaus. St. Peter und Paul ist die historische Bezeichnung für die Herderkirche.

10 *An Führern ist kein Mangel* – Aus dem großen Angebot an Weimar-Führern werden empfohlen: Paul Raabe, „Spaziergänge durch Goethes Weimar", Arche Verlag Zürich-Hamburg. Weimar-Führer von Station zu Station (5 Spaziergänge und Ausflüge in die Umgebung Weimars). Mit ausgiebigem Bildmaterial und Stadtplanskizzen. Und: Annette Seemann, „Weimar. Ein Reisebegleiter", Insel-Taschenbuch 3066, Frankfurt am Main und Leipzig. Weimar-Führer von Station zu Station (8 Spaziergänge und Ausflüge in die nähere Umgebung Weimars). Mit ausgiebigem Bildmaterial und Stadtplanskizzen.

10 *Johann Joachim Christoph Bode (1730–1793)* – Buchhändler, Übersetzer und Schriftsteller, kam 1779 nach Weimar. Vorsitzender der Weimarer Freimaurerloge.

10 *„Leser, ich erachte es für ratsam"* – Henry Fielding, Tom Jones, Band 1, Erstes Buch, 2. Kapitel. Hier in der Übersetzung von Roland U. und Annemarie Pestalozzi, unter Benutzung der Übersetzung von J. J. Bode, Deutscher Taschenbuch-Verlag, Text-Bibliothek, o. J.

11 *„Ich sage gern >Goethe<"* – Elias Canetti, Über die Dichter, München und Wien 2004, S. 69 f.

11 *dass er nicht den Zweifel kannte* – Vgl. Karl Barth, Wolfgang Amadeus Mozart 1756/1956, 14. Aufl., Zürich 2002, S. 22.

13 *„Wundervolles mächtiges Gefühl"* – Louis Fürnberg (1909–1957), Dichter und Kulturpolitiker. Grab auf dem Historischen Friedhof, Denkmal beim Schloss. Tagebucheintragung vom 2. Juni 1951, zitiert nach: Weimar im Urteil der Welt. Stimmen aus drei Jahrhunderten. Hrsg. von H. Greiner-Mai u. a., 2. Auflage, Berlin und Weimar 1977, S. 407.

14 *„Ich finde Niemanden"* – Arno Schmidt, Die Umsiedler, Bargfelder Ausgabe (künftig BA) I/1, S. 275.

14 *„Schmidt?? [...] Gut. – – : sogar sehr gut!"* – Arno Schmidt, Goethe und Einer seiner Bewunderer, BA I/2, S. 204.

14 *der Theologe Pustkuchen* – Johann Friedrich Wilhelm Pust-
★ kuchen (1793–1834), Pfarrer, veröffentlichte zwischen
1821 und 1828 in 5 Bänden eigene „Wanderjahre" Wilhelm
Meisters als sittlich-moralische Korrektur des gleichnami-
gen Goethe-Werkes. Goethes Widersacher genossen den für
den Autor unangenehmen Zustand der Verwechslungs-
möglichkeit beider Werke, zumal Pustkuchens „Wanderjahre" nicht ohne Anspruch daherkamen, so dass es sogar
gelegentlich bei Fachleuten zu Streit über die jeweils „echte"
Autorenschaft kam. Goethes schwere Krankheit 1823 wurde
durch den Pustkuchen-Hintergrund wesentlich befördert.

14 *„Füße etwas vertreten"* – Arno Schmidt, Rollende Nacht,
BA I/4, S. 121.

14 *„Man ist also doch"* – ebd., S. 122.

15 *unter Toten oder Lebenden bewegen* – Dass Engel nicht zwischen Toten und Lebenden unterscheiden, stellt Rilke in
den „Aufzeichnungen des Malte Laurids Brigge" dar.

15 *Elisabeth von Thüringen* – Aus der umfangreichen
Literatur über die Heilige Elisabeth von Thüringen und
ihren Beichtvater Konrad von Marburg wird hingewiesen
auf Erica von Dellingshausen, Die Wartburg – Ein Ort
geistesgeschichtlicher Entwicklungen, Stuttgart 1983;
und auf K.H. May, Zur Geschichte Konrads von
Marburg. In: Hessisches Jahrbuch für Landesgeschichte,
Marburg 1951, 1. Band, S. 87 ff.

16 *„Man sollte seine Leiche"* – Balthasar Kaltner, Konrad von
Marburg und die Inquisition in Deutschland, Prag 1882,
S. 176.

18 *„Es begab sich aber"* – Verse aus Lukas 2 zitiert nach: Das
Neue Testament Deutsch von D. Martin Luther, Ausgabe
Letzter Hand 1545/46.

18 *„die einem durch und durch geht"* – Bertolt Brecht über die
Lutherbibel: „Aber gewisse Worte nicht totzukriegen. Sie
gehen durch und durch. Man sitzt unter Schauern, die einem, unter der Haut, den Rücken herunterstreichen, wie

bei der Liebe". In: E. Rohse, Der frühe Brecht und die Bibel, Göttingen 1983.

18 *„protestantischen Diogenismus"* – Goethe, Italienische Reise, Erster Teil, Rom, 6. Januar. Anspielung Goethes auf die Nüchternheit und Bedürfnislosigkeit des griech. Philosophen Diogenes von Sinope (um 400 v. Chr.), der den durch Alexander den Großen angebotenen Reichtum gleichgültig ausschlug („Dann geh mir aus der Sonne!").

19 *„zwei Zöpfe"* – Luthers „Ehestandsphilosophie" im Original: „Im ersten Jahre des Ehestands hat einer seltsame Gedanken. Wenn er bei Tisch sitzt, denkt er: Sieh, vorher warst du allein, jetzt selbander. Im Bett, wenn er erwacht, sieht er ein paar Zöpfe, die er früher nicht sah."

19 *„Christentum und Kultur"* – Arno Schmidt, Kosmas oder vom Berge des Nordens, BA I/1, S. 470.

21 *„Dieser redende Beweis"* – Johann Karl August Musäus, Volksmärchen der Deutschen, 1782–1786 in 5 Bänden erschienen. Hier zitiert nach K. A. Musäus, Volksmärchen der Deutschen. Hrsg. K. Schiller, Leipzig 1926, S. 551 f.

22 *Muschirumi* – türk.-arabische Bezeichnung für die Muskatenhyazinthe, eine Gewürzpflanze, die im 18. Jahrhundert Verbreitung in Europa fand.

23 *Karl Bongardt aus Erfurt* – Karl Bongardt (1925–2009). Bis 1972 stellvertretender Chefredakteur der „Neuen Zeit", bis 1983 Cheflektor im Union-Verlag Berlin; Lyriker und Herausgeber.

23 *„Von Konrad bis Adenauer"* – Arno Schmidt, Die Gelehrtenrepublik, BA I/2, S. 323. Mit „Konrad" ist hier nicht Konrad von Marburg, der Beichtvater der Heiligen Elisabeth, bezeichnet, sondern vermutlich Konrad II. (1024–1039), der die Lehnshoheit über Polen gewann und das Sachsenreich im Osten stabilisierte.

24 *Rettung von Karl Philipp Moritz* – K. P. Moritz (1756–1793)
★ Goethe freundete sich mit dem aus ärmsten Verhältnissen

stammenden Moritz in Rom an und schrieb über ihn, er sei „wie ein jüngerer Bruder von mir, von derselben Art, nur da vom Schicksal verwahrlost und beschädigt, wo ich begünstigt und vorgezogen bin" (Brief an Ch. von Stein, 14.–16. Dezember 1786). An Moritz' weitgehend vergessene Werke, die psychologische Autobiographie „Anton Reiser" und den „Andreas Hartknopf", eine (nach Schmidt) „Fortsetzung" des „Anton Reiser", erinnerte Arno Schmidt 1957 in einem wunderbaren Beitrag unter dem Titel „Die Schreckensmänner. Karl Philipp Moritz zum 200. Geburtstag", in dem er von „Anton Reiser" als einem „Buch, wie es kein anderes Volk der Erde besitzt" spricht und den „Hartknopf" als „vom rein dichterischen Standpunkt aus dem ‚Reiser' zumindest ebenbürtig, vielleicht gar überlegen", hinstellt. Arno Schmidts Engagement für Karl Philipp Moritz trug wesentlich zur Wiederentdeckung des Autors bei.

24 *auf der großen Treppe* – Die Szene wird beschrieben in K. P. Moritz, Andreas Hartknopf, Reclam 18120, Stuttgart 2001, S. 108 f.

24 *Die offiziellen Erläuterungen* – Neben der Überlieferung von Musäus gibt es seit jeher die Annahme, dass es sich bei den beiden Frauen auf dem Grabmal des Grafen von Gleichen im Dom zu Erfurt um Mutter und Ehefrau bzw. um eine erste und zweite Gattin des Grafen handelt.

24 *„allein wegen seines schlechten Geschmacks"* – Jorge Semprún, Buchenwald: 1944–1945. In: Goethe-Jahrbuch 1995, S. 36.

25 *„Ich dächte, wir versuchten"* – J. P. Eckermann, Gespräche mit Goethe, 26. September 1827.

25 *„Ich klage sie an"* – Vgl. L. Steinwender, Christus im Konzentrationslager, Salzburg 1946, S. 64 ff. Zum Schicksal des „Predigers von Buchenwald" s. auch Claude S. Foster, Paul Schneider, Seine Lebensgeschichte. Aus dem Amerikanischen übersetzt von Brigitte Otterpohl, Holzgeringen 2001 und Margarete Schneider (Hrsg.) Der Prediger von Buchenwald. Werdegang, Wirken und Martyrium Paul Schneiders, Neuhausen-Stuttgart 1985.

26 *Lyonel Feiningers Gelmerodaer Kirchturm* – Lyonel Feininger (1871–1956), Formmeister am Weimarer Bauhaus. Die Verbundenheit des Künstlers mit Weimar, der „Stadt seines Lebenswunders", und mit der Gelmerodaer Dorfkirche, die er 1906 zum ersten Mal zeichnete, beschreibt Feiningers Gattin Julia 1966: „Meines Mannes Verbundenheit mit Gelmeroda stammt vom ersten Tage dieser Begegnung an, sie übersteigt bei weitem den Eindruck irgendeines Motivs – Gelmeroda wurde im Laufe seines Lebens zu einem Begriff."

26 *„Ich muss zur Esplanade"* – Bei dem „älteren meiner beiden
★ Begleiter", die sich in der Nähe Osnabrücks „blitzschnell meiner bemächtigen und sich mir anschließen", wird an den 1780 in Osnabrück geborenen **Bernhard Rudolf Abeken** (1780–1866) erinnert, der als junger Hauslehrer der Kinder Schillers 1808 nach Weimar kam und dort auch mit Goethe freundschaftlich verkehrte. 1861 gab Abeken (seit 1815 als Rektor des Ratsgymnasiums seiner Heimatstadt Osnabrück tätig) den Band „Goethe in den Jahren 1771–1775" heraus. 1904 erschienen, aus dem Nachlass herausgegeben, die Aufzeichnungen „Goethe in meinem Leben". Abeken gehört während Goethes Lebzeiten und in den Jahrzehnten danach zu den liebevollsten Goethe-Verehrern und nimmt den Weimarer leidenschaftlich gegen Angriffe in Schutz. „Lassen Sie uns bedenken, lieber Gries, was wir immerfort noch an Göthe haben, und wie höchst erfreulich es ist, den Greis noch immer in Thätigkeit zu wissen, und beschäftigt, der Welt eine Gabe zu hinterlassen, wie sie uns Deutschen keiner gab, und vielleicht keiner wieder geben wird. Möge doch auch er menschlicher Schwäche seinen Tribut bringen! Und was sind diese Schwächen gegen das Große, das wir in Göthe besitzen!", schreibt er 1826 seinem Studienfreund Gries nach Jena, als dieser ihm wieder einmal eine kolportierte Klage über den greisen Dichter zukommen lässt. Nie kann ich auf dem Wege nach Weimar Osnabrück passieren, ohne Abekens zu gedenken und einen Gruß zum alten Hasefriedhof zu richten, wo er ruht.

26 *„Mich lassen Sie bitte"* – Bei dem „jüngeren meiner beiden
★ Begleiter" handelt es sich um den Osnabrücker Lyriker,
Erzähler und Kulturhistoriker **Ludwig Bäte** (1892–1977).
Dem unermüdlichen Schreiber, Vorstandsmitglied der
Schillerstiftung und der Shakespeare-Gesellschaft in
Weimar, verdankt die Goethewelt neben dem literarischen
Porträt „Weimar. Antlitz einer Stadt" den kleinen Band
„Weimarer Elegie", in dem sich auch das Gedicht „Über
der Stadt" („Hab ein Stückchen Land, / hoch über der
Stadt ...") befindet. Bätes Weimar-Bücher sind mir liebe
Begleiter auf dem Weg an die Ilm, und beim Anblick der
Osnabrücker Domtürme gilt auch dem seit 1977 auf dem
Heger Friedhof seiner Vaterstadt ruhenden Weimar-
Enthusiasten stets mein Gruß. In der Tat: Wie sollte ich
nach Weimar reisen, ohne Abeken und Bäte mitzunehmen?

26 *Schmidt äußert keinen Wunsch* – **Arno Schmidt** (1914–1979)
★ gehört zu den eigenwilligsten Autoren der Nachkriegs-
literatur. Die Zahl seiner Verehrer wächst von Jahr zu Jahr,
und nicht von ungefähr entschlüpfte dem erfolgreichen
Autor und Chronisten Walter Kempowski während einer
Lesung in Schmidts Heidewohnort Bargfeld die „leichtsin-
nige" Aussage: „Arno Schmidt ist der größte deutsche
Autor der Nachkriegszeit! – Alles andere ist mehr oder we-
niger Schrott." Schmidts lebenslange Auseinandersetzung
mit Goethe gipfelt in der 1958 erschienenen Betrachtung
„Goethe und Einer seiner Bewunderer", in der er den
Olympier über sein Werk das Urteil fallen lässt:
„Schmidt??" [...] „Gut. – – : sogar *sehr* gut!" Als imaginärer
Reisegefährte auf dem Weg nach Weimar gehört Schmidt
allerdings zu den unnahbaren Gesellen jener militanten
„Rechenschieberatheisten", mit denen, nach einem Wort
Goethes über Mathematiker und Philologen, „kein heiteres
Verhältnis zu gewinnen ist". Dennoch oder gerade deshalb
ist seine Gegenwart auf dem Weg nach und in Weimar
ständige Herausforderung und Bereicherung.

28 Als Führer für den Historischen Friedhof werden empfohlen: Hannelore Henze/Doris-Annette Schmidt, Der Histo-

rische Friedhof in Weimar. Ein Rundgang. Weimar 2005. (Führer über den Historischen Friedhof mit umfangreichem Bildmaterial und Erläuterungen zu den Gräbern, 191 S.) sowie Ilse-Sibylle Stapff, Historische Grabstätten in Weimar. Jakobskirche, Jakobsfriedhof und historischer Friedhof, Weimar 2004. (Ausführliche Beschreibung aller Grabstätten auf beiden großen Friedhöfen in kompakter Form, 43. S.)

29 *„Kosend spielt er mit dem Staube"* – „Kosend spielt er mit dem Staube, / Jagt ihn auf in leichten Wölkchen, / Treibt zur sichern Rebenlaube / Der Insekten frohes Völkchen." West-östlicher Divan, Buch Suleika, „Was bedeutet die Bewegung? / Bringt der Ost mir frohe Kunde? / [...]". Von Marianne von Willemer, Goethes „Suleika" aus dem West-östlichen Divan, vermutlich während der Fahrt zum Treffen mit Goethe in Heidelberg am 23. September 1815 geschrieben. Später von Goethe überarbeitet und in den „Divan" aufgenommen.

29 *„das ganze Ballett"* – Horst Krüger, Tiefer deutscher Traum, Deutscher Taschenbuch Verlag, München 1986, S. 133.

29 *„zu sterben oder sich fürs Weiterleben"* – Gerhard Stadelmaier, Wir sind alle Russen. Ewigkeitszug, erster Klasse, hundertster Todestag: Warum Anton Pawlowitsch Tschechow unser absoluter dramatischer Lieblingszeitgenosse ist. In: Frankfurter Allgemeine Zeitung vom 10. Juli 2004, Nr. 158, S. 41. Stadelmaier in seinem Beitrag über die Bedeutung Tschechows als Dramatiker: „Der Skandal nämlich, mit dem alle die anderen Dramatiker, die wahrhaft groß sind, prunken, besteht darin: daß der Mensch zu sterben oder sich fürs Weiterleben oder Besserwissen der anderen zu opfern hat."

31 **Johann Heinrich Meyer** *(1759–1832)* – Maler, Kunsthistoriker, Direktor am Zeicheninstitut in Weimar. Freund und langjähriger Hausgenosse Goethes (wegen seiner Schweizer Aussprache „Kunscht-Meyer" genannt).

31   *Eckermann hält unter dem Datum* – H. H. Houben, J. P.
Eckermann – Sein Leben für Goethe, Band 1, 2. Aufl.
Leipzig 1925, S. 167.

32   *„der alte Zecher"* – Vgl. Goethes „König in Thule",
5. Strophe: „Dort stand der alte Zecher, / Trank letzte
Lebensglut, / Und warf den heil'gen Becher / Hinunter in
die Flut."

32   *„zu der Stelle, wo die Worte lagern"* – Arno Schmidt zitiert
in „Ein unerledigter Fall. Zum 100. Geburtstag von
Gustav Frenssen" James Joyce. Vgl. BA II/3, S. 13.

33   *„Das Leben ist kurz"* – Arno Schmidt, Kühe in Halbtrauer,
BA I/3, S. 341.

33   *Einrichtung des Mäßigkeitsvereins* – Franz David Gesky,
Weimar von unten betrachtet. Bruchstücke einer Chronik
zwischen 1806 und 1835. Mit einem Vorwort von Michael
Prinz von Sachsen-Weimar und Eisenach. Hrsg. Hubert
Erzmann und Rainer Wagner, Weimar 1997, S. 207.

33   *„Der gediegene Alkoholiker"* – Th. Heuss, Von Ort zu Ort.
Wanderungen mit Stift und Feder, Tübingen 1959, S. 22.

34   **Anton Genast** *(1765–1831)* – Schauspieler und Sänger;
Eduard Genast *(1797–1866),* Schauspieler, Verfasser der
„Erinnerungen eines alten Schauspielers – Aus Weimars
klassischer und nachklassischer Zeit". Neu hrsg. von
Robert Kohlrausch. Zweite Auflage, Stuttgart o.J.

34   *Als junger Schauspieler hatte Anton Genast* – E. Genast,
„Erinnerungen" (vorh. Anm.), S. 16–18.

35   *der Kampf mit Richard Wagner* – ebd., S. 327–330.

36   *„zu den Gräbern meiner Eltern"* – ebd., S. 351.

36   *„groß in der Scene des Wahnsinnes"* – H. H. Houben (Vgl.
Anm. 31), S. 566.

36   **Johanna Eckermann**, *geb. Bertram (gest. 1834)* – Langjährige Braut und spätere Gattin Johann Peter Eckermanns.

37 Albert Vigoleis Thelen – Goethes Gespräche mit Frau Eckermann, Aldus-Presse Reicheneck, 1987, S. 9 ff.

38 **Wilhelm Ernst Christian Huschke** *(1760–1828)* – Hofmedikus in Weimar. Einige Jahre Goethes Hausarzt.

38 *verdient hat die „klassische Ärzteschaft"* – Hans Eberhard, Weimar zur Goethezeit. Gesellschafts- und Wirtschaftsstruktur. Weimarer Schriften, Heft 34, 1980 (beigefügte Tabelle der Einkommensverhältnisse).

39 *„wir Ärzte hätten die Brunnen vergiftet"* – Heinrich Spiero, Schicksal und Anteil. Ein Lebensweg in deutscher Wendezeit, Berlin 1929, S. 19.

39 *Christoph Wilhelm Hufeland (1762–1836)* – Hofmedikus in Weimar, Professor in Jena, später Berlin. Leibarzt der preußischen Königsfamilie, medizinischer Bestsellerautor („Makrobiotik oder die Kunst, das Leben zu verlängern", 1796).

40 *übernimmt Huschke für die benötigten 2000 Taler* – Ingrid Dietsch, Da fühlst Du einmal meine Last. Vom Alltag der Caroline Falk in Weimar 1797–1841, Weimar 2003, S. 179.

40 *„Anmutig im höchsten Grade"* – Zu den nachfolgenden Ausführungen zu F. W. Riemer und C. Ulrich vgl. „Riemers Tagebücher". In: Jahrbuch der Sammlung Kippenberg 3–5, Leipzig 1923–1925; und Arthur Pollmer, Caroline Ulrich und Goethe. In: Jahrbuch der Sammlung Kippenberg 6, Leipzig 1926. Zitat „Anmutig ..." hier S. 40.

40 **Friedrich Wilhelm Riemer** *(1774–1845)* – Altphilologe, Hauslehrer August von Goethes, Sekretär Goethes, Professor am Weimarer Gymnasium und Bibliothekar. Verfasser der „Mittheilungen über Goethe" (1841), Ehegatte der Caroline Ulrich.

40 **Caroline Riemer***, geb. Ulrich (1790–1855)* – Gesellschafterin und Hausgenossin Christiane von Goethes. Von Goethe gern „Uli" genannt. 1814 Heirat mit F. W. Riemer.

41 *„Tropfen altweimarischen Lebensleichtsinns"* – Arthur Pollmer, „Caroline Ulrich" (Anm. 40), S. 18.

41 *„Und küß ich Stirne, Bogen, Augen, Mund"* – Zwar findet sich das Gedicht „Versunken" von 1814 im „Buch der Liebe" des West-östlichen Divans und lässt deshalb den Bezug zu Marianne von Willemer zu; andere Deutungen weisen jedoch auf Caroline Ulrich.

41 *„die Goethe fange nun wieder an"* – Arthur Pollmer, „Caroline Ulrich" (Anm. 40), S. 43.

45 *„Die Mutter kommt bei allen großen Männern"* – „Riemers Tagebücher" (Anm. 40), Bd. 4, S. 34.

45 *„Ohne ihn und Iffland"* – Ludwig Bäte, Weimar. Antlitz einer Stadt, Weimar 1965, S. 39.

46 **Christine von Kotzebue** *(1736–1828)* – Mutter des Theaterdichters August von Kotzebue (1761–1819).

46 *Reise nach Franzensbad* – Vgl. F. W. Riemer, Mitteilungen über Goethe. Hrsg. A. Pollmer, Leipzig 1921, S. 252.

47 **Karl-Heinz Hahn** *(1921–1990)* – Literaturwissenschaftler und Historiker, Direktor des Goethe- und Schiller-Archivs von 1958 bis 1986, Präsident der Goethe-Gesellschaft in Weimar und Herausgeber des Goethe-Jahrbuchs von 1974 bis 1990.

48 *„Es ist verboten, die Handtasche"* – Das „Handtaschenbild" stammt von Horst Krüger (Anm. 29).

50 *„Ob Fleiß überhaupt eine Tugend"* – Arno Schmidt: <Iss Fleiß 'ne Tugend?> / (Müßte man erst noch eine andre Frage davorschalten): <Ist Fleiß für Menschen & Tiere eine einfache (Lebens) Notwendigkeit?>. In: Julia oder die Gemälde, BA IV/4, S. 141.

50 **Bernhard Suphan** *(1845–1911)* – Literaturwissenschaftler, Herausgeber der Historisch-kritischen Herder-Ausgabe und Redaktor der Weimarer Goethe-Ausgabe. Erster Direktor des Goethe- und Schiller-Archivs.

51 *„In der Nacht vom 8. auf den 9. Februar 1911"* – Jutta
   Hecker, Wunder des Worts, Leben im Banne Goethes,
   Weimar 1989, S. 65.

52 **Wilhelm Bode** *(1862–1922)* – Literaturwissenschaftler
   und Schriftsteller, Goethe-Forscher.

52 *Jasnaja Poljana* – Ehemaliger Wohnsitz und Grabstätte des
   russ. Schriftstellers Graf Lew Nikolajewitsch Tolstoi.

53 *„Es scheint mir"* – Walther Lampe, Wilhelm Bode. In:
   Mitteldeutsche Lebensbilder, Fünfter Band. Lebensbilder
   des 18. und 19. Jahrhunderts, Magdeburg 1930, S. 562.

53 **Louise Seidler** *(1786–1866)* – Malerin. Ihre „Erinnerungen der Malerin Louise Seidler" von 1873 wurden mehrfach wieder aufgelegt.

54 **Caroline Herder,** *geb. Flachsland (1750–1809)* – Ehefrau
   Johann Gottfried Herders. Bemühte sich nach dem Tode
   ihres Gatten um die Herausgabe von „Herders sämtlichen
   Werken". Ihre „Erinnerungen aus dem Leben J. G. v. Herders" erschienen 1820. Der Briefwechsel zwischen Herder
   und Caroline Flachsland findet sich in Band 39 und Band
   41 der Schriften der Goethe-Gesellschaft (1926 u. 1928).

55 **Johann Nepomuk Hummel** *(1778–1837)* – Komponist,
   Klaviervirtuose, Schüler Mozarts. Von 1819 bis 1837
   Hofkapellmeister in Weimar.

56 *Bettina Brentano,* verh. von Arnim (1785–1859) – Jugend-
   liche Freundin Goethes und der Mutter Goethes. Gattin
   Achim von Arnims, Verehrerin Beethovens, Schriftstellerin
   („Goethes Briefwechsel mit einem Kinde", 1835).

57 *und höre den Franzosen Romain Rolland* – Vgl. zu den
   Ausführungen über das Treffen Goethes mit Beethoven in
   Teplitz: Romain Rolland, Goethe und Beethoven, erschienen in der Zeitschrift „Europe", Paris 1927. Aus dem französischen Original übertragen von Anton Kippenberg. In:
   Jahrbuch der Sammlung Kippenberg 7, Leipzig 1927/1928
   (mit Anmerkungen und Kommentaren Kippenbergs).

58 *Von „drei Lektionen", die Beethoven* – Die „erste Lektion"
★ bestand nach Rolland in Beethovens zorniger Reaktion auf
Goethes sentimentale Ergriffenheit nach seinem, Beethovens, privatem Vorspiel. Beethoven hatte eine Reaktion
„auf gleicher Höhe des Genius" erwartet und nicht rührse-
ligen Beifall. Die „zweite Lektion" besteht in einer
Belehrung Beethovens über den Umgang mit Fürstlichkeiten angesichts des bereitwilligen „Verbeugens Goethes
nach allen Seiten" während eines gemeinsamen Spazier-
gangs (Beethoven: „... so müßt Ihr's nicht machen, da
macht Ihr nichts Gutes, [...] einen Geheimrat können sie
wohl machen, aber keinen Goethe, keinen Beethoven, also
das, was sie nicht machen können, und was sie selber noch
lange nicht sind, davor müssen sie Respekt haben lernen,
das ist ihnen gesund."). Die „dritte Lektion" vermittelt
Beethoven Goethe schließlich während des Zusammen-
treffens mit dem kaiserlichen Hofstaat auf der schmalen
Straße.

60 *Bella capricciosa* – Von einem Vorspiel Walther von Goethes
der Bella capricciosa von Hummel (Op. 55) und von dem
„Glück", das „von einem solchen Werk auf tausend und
aber tausend von genießenden Menschen ausgehe ..." berichtet Eckermann. Vgl. H. H. Houben, „Eckermann",
(Anm. 31), S. 554 f.

60 **Alma von Goethe** *(1827–1844)* – Enkelin Goethes.

60 *aus dem Tantalus-Geschlecht* – Die Nachkommen des
griech. Sagenkönigs Tantalus (Tantaliden) waren wegen
einer Verfehlung des Vaters von den Göttern verflucht.

60 *„vorbestimmt zu einer Nachfolge Goethes"* – Oskar Jellinek,
Die Geistes- und Lebenstragödie der Enkel Goethes,
Wien 1953. Hier zitiert nach: Richard Thieberger, Oskar
Jellineks Goethe-Enkel-Buch. In: Goethe-Jahrbuch 1954,
S. 216.

61 *Matthias Claudius' „Wilder Knochenmann"* – Aus: Matthias
Claudius, Der Tod und das Mädchen, „Vorüber! Ach, vorüber! / Geh, wilder Knochenmann! / Ich bin noch jung,

geh, Lieber! / Und rühre mich nicht an. // ‚Gib deine Hand, du schön und zart Gebild! / Bin Freund und komme nicht zu strafen. / Sei gutes Muts! / Ich bin nicht wild, / Sollst sanft in meinen Armen schlafen!'" Schuberts gleichnamiges Streichquartett „Der Tod und das Mädchen" d-moll D 810 entstand in den Jahren 1824–1826.

62 **Ottilie von Goethe,** *geb. von Pogwisch (1796–1872)* – Gattin August von Goethes.

62 *Kraft jenes gemeinsamen leisen Lächelns* – Carl J. Burckhardt
★ über die Ehe: „Als ein seltenes Wunder vermag sie es, jenseits von allem Hingerissensein dahin und dorthin, durch Leidenschaften hindurch sich unzerstörbar zu bewahren. Sie kann es unerschütterlich, in voller Freiheit. Sie vermag es, solange eines vorherrscht – die unversiegbare Kraft jenes leisen Lächelns, das sagt: Alles, auch Gefahr, auch Schmerz – aber unser gemeinsames Geschick wird im Innersten von all dem nicht berührt!". In: Carl J. Burckhardt, Memorabilien, München 1977, S. 53. f.

63 *Wenn es stimmt, dass jedes menschliche Leben* – Vgl. Iwan Bunin, Ein unbekannter Freund. Aus dem Russischen von Swetlana Geier, 4. Auflage Zürich 2003, S. 32.

63 *„erst vor der Thüre mit drei gentlemen"* – Zitiert nach R. J. Baerlocher, Walther von Goethe – Epilog zu einem Jubiläumsjahr. In: Goethe-Jahrbuch 2000, S. 180–200, S. 190, Fußnote 32.

64 *„Ich habe 15 Jahre mit meinem Schwiegervater"* – Bernhard
★ Rudolf Abeken, Goethe in meinem Leben. Erinnerungen und Betrachtungen. Hrsg. Adolf Heuermann, Weimar 1904, S. 263 ff. Interessant ist Ottilie von Goethes Zeugnis über Goethes Religiosität: „So habe ich ihn auch von Christus sprechen sehen, – wollen Sie es Andacht nennen, Verehrung, Anbetung, ich kann hinzufügen wenigstens hat wohl Niemand je der Erfüllung seiner Lehre mehr nachgestrebt, wie war sein Handeln ächt christlich, fromm und mild, vergebend, wohlthätig, stets für Andre wirkend, dem Höchsten nachstrebend."

65 *„Wolf ist der Liebling des Großpapas"* – Sorets Erinnerungen, Weimar 8. März 1830. In: Wilhelm Bode, Goethe in vertraulichen Briefen seiner Zeitgenossen I–III, Berlin und Weimar, 1. Auflage 1979, Bd. 3, S. 298.

65 *„Aber was soll ferner werden"* – Kanzler von Müller am 3. Oktober 1834. In: Goethe-Jahrbuch 1911, S. 29.

66 **Walther Wolfgang von Goethe** *(1818–1885)* – Ältester Enkel Goethes, Kammerherr in Weimar.

66 *Ein heimlicher schriftstellerischer Vorstoß* – Walther von Goethes (anonym erschienenes) Buch „Fährmann, hol' über!" erschien 1848 in Berlin. Es wurde kaum wahrgenommen.

67 **Wolfgang Maximilian von Goethe** *(1820–1883)* – Enkel Goethes, Kammerherr in Weimar, preußischer Legationssekretär.

67 *Auch stimmt Robert Schumanns Diktum* – „[...] an allem, was an einen großen Mann erinnert, nimmt ja die Welt doppeltes Interesse [...]", zitiert nach R. J. Baerlocher, Nachsommer in Weimar: Walther von Goethe. In: Goethe-Jahrbuch 1997, S. 357.

68 *die Enkel holten die Spielkameradin* – Der Bericht über das Holen der Spielkameradin durch die Goethe-Enkel („Dieser Große hatte kaum seinen letzten Athem ausgehaucht, als die Enkel traurig zu uns kamen und uns aufforderten, mit ihnen zu kommen, um den Apapa noch einmal zu sehen. Wir fanden ihn noch im grünen Lehnstuhl, in dem er sein Leben beschlossen.") findet sich in den handschriftlichen Aufzeichnungen Ida Freiligraths, geb. Melos. Mitgeteilt nach: Kurt Roessler, Freiligraths Beziehungen zu Weimar – eine Ergänzung. In: Grabbe-Jahrbuch 2002, Detmold 2002, S. 207.

68 *„Da haben wir drei denn"* – Brief Ferdinand Freiligraths an Levin Schücking vom 25. Januar 1804. Zitiert nach: Kurt Roessler u.a., Literarischer Simrock-Freiligrath-Weg, Bornheim 2000, S. 36.

69 *Wilhelmine Bachstein* – Langjährige Haushälterin der Familie Goethe. Zog die Enkel Walther, Wolf und Alma auf.

69 *„Waltherchen, sagte sie"* – Karl Kuhn, Aus dem alten Weimar. Skizzen und Erinnerungen, Wiesbaden 1905, S. 40.

70 *„Ich kann es nicht besser charakterisieren"* – Lily Braun, Im Schatten der Titanen, Berlin 1929, S. 454.

70 **Johannes Daniel Falk** *(1768–1826)* – Schriftsteller („Goethe aus näherm persönlichen Umgange", Leipzig 1832), Waisenhausgründer.

70 *durch „den verzerrenden Filter"* – Michel Houellebecq, Die Welt als Supermarkt. Interventionen, 5. Auflage, Reinbek 2004. S. 69.

71 *„Falk hat sich gutmütig"* – F. Michael, A. Duvau – Ein französischer Freund der Weimarer Gesellschaft. In: Jahrbuch der Sammlung Kippenberg 4, Leipzig 1924, S. 227.

73 **Charlotte von Stein**, *geb. von Schardt (1742–1827)* – Gattin des Oberstallmeisters Josias von Stein. Engste Vertraute Goethes im ersten Weimarer Jahrzehnt.

74 *Johann Georg von Zimmermann (1728–1795)* – Kurarzt der Charlotte von Stein in Pyrmont, Schriftsteller.

74 *das Zeugnis einer Bekannten* – Brief Zimmermanns an Charlotte von Stein vom 19. Januar 1775. Zitiert nach Wilhelm Bode, „Vertrauliche Briefe I" (Anm. 65), S. 101.

74 *den „kalten Weiberhässer Goethe"* – Brief Herders an Karoline Flachsland vom 23. oder 27. Januar 1773. Zitiert nach Wilhelm Bode, (vorh. Anm.), S. 43.

75 *Wenn die Ehe* – „<Die Ehe> ? : ist Ursach von 60 % aller Krankheiten, ...", Arno Schmidt, Der Vogelhändler von Imst, BA II/3, S. 364.

75 *„Bei ihr war Friede"* – Ernst Beutler, Wiederholte Spiegelungen. Drei Essays über Goethe, Kleine Vandenhoeck-Reihe 40, Göttingen 1957, S. 33.

76 *„abhängig, unterworfen, leidend und dienend"* – Thomas Mann, Der Zauberberg, 14. Auflage 2001, Fischer-TB, Frankfurt a. M., S. 797.

76 *„sich in der Sklaverei"* – ebd.

76 *„Du bist nicht ... wofür ich dich"* – Max Frisch, Tagebuch 1946–1949, Frankfurt a. M. 1975, S. 31.

77 *„O stirb mir nicht"* – Wilhelm Bode, Charlotte von Stein, Vierte, neubearbeitete Auflage, Berlin 1919, S. 434.

78 *„Ich bin sehr geneigt, zu glauben"* – Johann Kaspar Lavater, Aussichten in die Ewigkeit 1768–1773/78, Ausgewählte Werke Bd.II: Historisch-kritische Ausgabe. Hrsg. von Ursula Caflisch-Schnetzler, Zürich 2001. Elfter Brief, 1769, S. 298 f.

78 *„Wind raffte einen Staubkerl"* – Das Zitat lautet im Original: „Wind raffte aus allerhand Abfall einen Staubkerl zusammen". Arno Schmidt, Schulausflug, BA I/4, S. 111.

79 *„Kosend spielt er mit dem Staube"* – Vgl. Anm. 29.

79 *Der Sinn des Lebens besteht darin* – Hanns Dieter Hüsch, zitiert nach Peter Kümmel, „Die Zeit" vom 8. 12. 2005, S. 57.

79 *„daß das Auge"* – Aus: Heinrich von Kleist, Prinz von Homburg: „Zwar eine Sonne, sagt man, scheint dort auch, / Und über buntre Felder noch als hier. / Ich glaubs; nur schade, daß das Auge modert, / das diese Herrlichkeit erblicken soll."

79 *„Was soll uns, den Tiefst-Betrogenen"* – Arno Schmidt, Bedeutend; Aber ... , BA III/3, S. 500.

80 *„Wenn ich mich recht zur Statue"* – Wilhelm Bode, „Charlotte von Stein" (Anm. 77), S. 413.

80 **Johann Peter Eckermann** *(1792–1854)* – Mitarbeiter und Gesprächspartner Goethes. Verfasser des verbreitetsten und einflussreichsten Buches über Goethe, der „Gespräche mit Goethe in den letzten Jahren seines Lebens". Möglicher-

weise wurde der Plan zur Abfassung der „Gespräche" wesentlich von Eckermanns erstem Weimarer Freund Johannes Falk beeinflusst. So vermutet jedenfalls der Eckermann-Biograph H. H. Houben. Zu den nachfolgenden Ausführungen und Zitaten vgl. H. H. Houben (Anm. 31) und die Einführung in Eckermanns Werk von Ernst Beutler in: J. P. Eckermann, Gespräche mit Goethe, Deutscher Taschenbuch Verlag, München 1999, Anhang S. 781–852.

82 *„Wenn ein Winsener nach Weimar kommt"* – Thüringische Landeszeitung (TLZ) vom 6. Oktober 2001.

82 *des Insel-Verlegers* – Anton Kippenberg (1874–1950). Inhaber des Insel-Verlags und langjähriger Präsident der Goethe-Gesellschaft, widmete sein Leben weitgehend der Goethe-Forschung. 1954 erfolgte aus seinem Nachlass die Gründung des Goethe-Museums Anton und Katharina Kippenberg-Stiftung Düsseldorf, die nach Weimar die zweitgrößte Sammlung von Exponaten zum Leben und Werk Goethes verwaltet.

83 *Johann Heinrich Jung-Stilling (1740–1817)* – Köhler, Schneidergeselle, Mediziner, Professor und Schriftsteller. Studienfreund Goethes aus der Straßburger Zeit. Der ersste Band von Jung-Stillings Lebensgeschichte, „Henrich Stillings Jugend", Berlin und Leipzig 1777, entstand auf Goethes Anregung und wurde von ihm zum Druck gebracht.

83 *Karl Philipp Moritz (1756–1793)* – Freund Goethes (vgl. Anm. 24).

86 *Wie wohltätig er auf die oft gestörten* – H. H. Houben (Anm. 31), S. 301.

86 *Meine Lieblingsszene* – Eckermann berichtet unter dem Datum 7. Oktober 1827 in den „Gesprächen" von der Unterhaltung.

88 *Heinrich Heine hat ihm* – Heines Eckermann-Vers aus „Der Tannhäuser, Eine Legende" von 1836 lautet: „Zu Weimar, dem Musenwittwensitz, / Da hört ich viel Klagen

erheben, / Man weinte und jammerte: / Goethe sei tot / Und Eckermann sei noch am Leben!"

90 *Karl von Holteis Bemerkung* – H. H. Houben (Anm. 31), S. 300.

91 *Womöglich trifft der Journalist* – Klaus Harpprecht, Spurenlesen auf höchstem Niveau. In: „Zeitliteratur", (Literaturbeilage der Wochenzeitung „Die Zeit"), Juni 2002, S. 11.

91 *„Und er, dein Vater, er gehört"* – Jutta Hecker, Ich erinnere mich. Gespräche um Eckermann, Weimar 1962. Später unter dem Titel „Im Schatten Goethes. Eine Eckermann-Novelle" neu aufgelegt (Weimar 1993), hier: S. 165.

91 *die Eckermann-Biographin Jutta Hecker* – Leben und Werk der Chronistin des klassischen Weimar dokumentiert Hannelore Götte in ihrer Werkbiographie: Jutta Hecker – zur Erinnerung, Kassel 2003.

95 **Max Hecker** *(1870–1948)* – Literaturwissenschaftler, Herausgeber, Mitarbeiter am Goethe- und Schiller-Archiv, führender Goethephilologe. Das väterliche Deklamieren vor dem Zubettgehen der Kinder hat Jutta Hecker in ihrem Band „Wunder des Worts – Leben im Banne Goethes" beschrieben. (Hrsg. von Bruno Brandl, 1. Auflage Weimar 1989, S. 5)

95 **Jutta Hecker** *(1904–2002)* – Literaturwissenschaftlerin, Lehrerin, Autorin.

96 **Eduard Scheidemantel** *(1862–1945)* – Literaturwissenschaftler, langjähriges Mitglied des Vorstandes der Goethe-Gesellschaft. Der Ehrenbürger der Stadt Weimar machte sich um die Erhaltung von Gebäuden und Grabstätten aus der klassischen Zeit verdient.

96 **Werner Deetjen** *(1877–1939)* – Literaturwissenschaftler, Bibliotheksdirektor. Die Hintergründe des mutigen Eintretens von Deetjen für den „nichtarischen" ehemaligen Direktor des Goethe- und Schiller-Archivs Julius

Wahle dokumentiert Ruth Freifrau von Ledebur in ihrem Aufsatz „Shakespeare: Der dritte deutsche Klassiker in Weimar". In: Goethe in Gesellschaft, Zur Geschichte einer literarischen Vereinigung vom Kaiserreich bis zum geteilten Deutschland. Hrsg. von Jochen Golz und Justus H. Ulbricht, Köln 2005, S. 10.

96 *Julius Wahle (1861–1940)* – Mitarbeiter, später Direktor des Goethe- und Schiller-Archivs in Weimar. 1938 offiziell aus der Goethe-Gesellschaft (für die er Jahrzehnte tätig war) ausgeschieden. Grab auf dem jüdischen Friedhof in Dresden. Vgl. auch: Jutta Hecker, Julius Wahle. Schicksal in schwerer Zeit. Goethe-Jahrbuch 1997, S. 327–333.

96 **Gustav Kiepenheuer** *(1880–1949)* – Gründete 1909 den Gustav Kiepenheuer Verlag Leipzig und Weimar. 1910 erschien in diesem Verlag der von Wilhelm Bode betreute und vielfach aufgelegte Bildband „Damals in Weimar".

96 **Hans Wahl** *(1885–1949)* – Goethe-Forscher, ab 1918 Direktor des Goethe-Nationalmuseums, ab 1928 auch Direktor des Goethe- und Schiller-Archivs.

96 **Louis Fürnberg** *(1909–1957)* – Vgl. Anm. 13.

96 **Heinrich Lilienfein** *(1879–1952)* – Schriftsteller, seit 1920 Generalsekretär der Deutschen Schillerstiftung. Den Kampf um die finanzielle Unterstützung der Schillerstiftung für den Begründer des Naturalismus und das edle Bemühen Lilienfeins um Johannes Schlaf (1862–1941) dokumentiert Ludwig Bäte in der „Akte Johannes Schlaf" (Aus dem Archiv der Deutschen Schillerstiftung, Heft 10, o.J.).

96 **Schauspieler-Adel der Marie Seebach-Stiftung** – Um das Euphrosyne-Denkmal auf dem Historischen Friedhof gruppieren sich Grabstellen von Bühnenkünstlern, die in der Marie-Seebach-Stiftung an der Tiefurter Allee ihren Lebensabend verbrachten.

97 *Von Dänemark* – Friedrich Hebbel, Schillers Briefwechsel mit Körner, Hebbels Werke in drei Bänden. Bibliothek Deut-

scher Klassiker, Berlin und Weimar 1980, Bd. 3, S. 357 f.

97 *dass Carl Augusts Nachfolger Carl Friedrich* – Vgl. Ludwig
Bäte, „Weimar" (Anm. 45), S. 147.

98 *„Schau das Totengebein"* – Karl Beheim „Von hoffart dez
adelz gepurt". In: Epochen der deutschen Lyrik 1300-
1500, Bd. 2, Deutscher Taschenbuch Verlag, München
1972, S. 279.

99 *nach dem Zeugnis der Madame de Staël* – „Es ist eine sehr
väterliche Regierung, die alle Freiheit den Untertanen
gibt, außer Würde, Charakter und Interesse an politischen
Dingen" (Madame de Staël, 1803). Zitiert nach: Jörg
Drews, Sichtung und Klarheit. Kritische Streifzüge durch
die Goethe-Ausgaben und die Goethe-Literatur der letzten fünfzehn Jahre, München 1999, S. 141.

99 *„wie eine markige Eiche dastand"* – Aus den Aufzeichnun-
gen des Professors und Schriftstellers Franz Ludwig
Passow. Zitiert nach: Wilhelm Bode, Stunden mit Goethe,
Berlin 1911, S. 216.

99 **Maria Pawlowna** *(1786–1859)* – Großfürstin von Rußland, Großherzogin von Sachsen-Weimar und Eisenach.
Ruht in der für sie erbauten russischen Grabkapelle auf
dem Historischen Friedhof.

100 *die klugen Jungfrauen zur himmlischen Hochzeit* – Vgl.
Matthäus, Kap. 25, Gleichnis von den klugen und törich-
ten Jungfrauen.

101 *„In dieser Stadt liegt Goethes Grab"* – Jewgeni Dolmatowski,
„Goethes Grab" (übers. von Marga Bork). In: Weimar im
Urteil der Welt (Anm. 13), S. 387.

102 *Albrecht Schöne, Faustpapst und Verfasser* – Albrecht
Schöne, Schillers Schädel, Zweite, durchgesehene Auflage,
München 2002, Fußnote 74, S. 92.

102 *Georg Melchior Kraus (1733–1806)* – Johann Heinrich
Wilhelm Tischbein (1751–1829), Angelika Kauffmann
(1741–1807), Karl Gottlieb Weisser (1780–1815), George

Dawe (1781–1829), Joseph Karl Stieler (1781–1858), Johann Joseph Schmeller (1796–1841) u.a. verdanken wir die „gängigsten" Goethe-Darstellungen. Im Gespräch mit Falk am Tag von Wielands Begräbnis prägt Goethe mit Blick auf seine Abneigung, die Lebensgefährten nach dem Abscheiden noch einmal zu sehen, das Wort vom Tod als „sehr mittelmäßigem Porträtmaler".

103 *„Körperlichkeit ist das Ziel der Wege Gottes"* – Manfred Frank zur Reaktion Schellings auf den Tod seiner Frau Caroline am 7. Februar 1809: „Fortan zieht sich ein dunkel glänzendes Leitmotiv durch seine Schriften: ‚Körperlichkeit ist das Ziel der Wege Gottes.'" Manfred Frank, Das verklärte und das gekränkte Ich. In: „Die Zeit" vom 19. 8. 2004.

104 *„Er war doch eine Narretei, dieser Tod"*– Die „literarische
★ Goethe-Wiederbelebung" ist, so befremdend sie im Detail sein mag, „gute" Tradition. Unter dem Datum 14. November 1836 begegnet Eckermann in seinem „Traum" dem wiedererstandenen Goethe und dessen Sohn August. Eckermann lässt Goethe seinen eigenen Tod kommentieren: „‚[...] tot? – was sollte ich tot sein! – Auf Reisen bin ich gewesen! Ich habe derweil viele Länder und Menschen gesehen; im letzten Jahre war ich in Schweden.'" Arno Schmidt unternimmt 1956 in seinem Werk „Goethe und Einer seiner Bewunderer" eine Stadtexkursion mit dem wiedererwachten Goethe.

104 *die schon Zeitgenossen* – Goethes und Schillers Neigung, Eigennamen zu deklinieren, scheint keineswegs zeitgemäß gewesen zu sein, sondern eine Leidenschaft der Dichter. Ludwig Börne kommentiert diese Vorliebe in einem Brief: „Mich ärgert von solchen Männern das pöbelhafte Deklinieren der Eigennamen. Sie sagen: ‚die Humboldtin', sprechen von Körnern, Lodern, Lavatern, Baadern." Wilhelm Bode, „Vertrauliche Briefe III" (Anm. 65), S. 300.

105 *Vor vielen Jahren spürten wir beide als Studenten* – Ein Bericht über die Exkursion der Studenten Karl Koch und

Dieter Bartsch auf den Spuren Jung-Stillings in dessen Siegerländer Heimat findet sich in der Zeitschrift „Siegerland", Band 49, 1972, Heft 3, S. 110–113.

105 *dem „betrunkenen Shakespeare" Grabbe* – Heinrich Heine nannte den Detmolder Dramatiker Christian Dietrich Grabbe (1801–1836) einen „betrunkenen Shakespeare".

106 *schwiegen mit dem verzweifelten Lessing* – In Lessings berühmtem Brief an den Freund Eschenburg vom 31. Dez. 1777 heißt es angesichts des Sterbens von Frau und Kind: „Ich ergreiffe den Augenblick, da meine Frau ganz ohne Besonnenheit liegt, um Ihnen für Ihren gütigen Antheil zu danken. Meine Freude war nur kurz: Und ich verlor ihn so ungern, diesen Sohn! denn er hatte so viel Verstand! So viel Verstand! - Glauben Sie nicht, daß die wenigen Stunden meiner Vaterschaft, mich schon zu so einem Affen von Vater gemacht haben! Ich weiß, was ich sage. – War es nicht Verstand, daß man ihn mit eisern Zangen auf die Welt ziehen mußte? Daß er sobald Unrath merkte? – War es nicht Verstand, daß er die erste Gelegenheit ergriff, sich wieder davon zu machen? – Freylich zerrt mir der kleine Ruschelkopf auch die Mutter mit fort! – Denn noch ist wenig Hoffnung, daß ich sie behalten werde. – Ich wollte es auch einmal so gut haben, wie andere Menschen. Aber es ist mir schlecht bekommen." (Lessing, Wolfenbüttel, 31. Dezember 1777)

107 *Dass einer dem Glück* – Wie keinem anderen deutschen Dichter und Denker vor oder nach ihm gilt Goethe bis heute vielfältigste „Lebensdankbarkeit" der Generationen. Carl J. Burckhardt gibt in seiner Ansprache bei der Verleihung des Hamburger Goethepreises 1950 das Zeugnis eines Heimkehrers aus dem I. Weltkrieg wieder, der sich mit folgenden Worten zu Goethe bekennt: „Es ist etwas in ihm – ich vermag es mir noch nicht ganz aufzuschließen –, was alles sinnvoll macht und auf weite Sicht alles gerecht und sicher. Es ist keine Lehre, man kann es nicht da oder dort vorfinden, es ist auch kein Gesetz; es ist mehr als alles Gesetzliche ... es ist der Sinn, den er plötzlich erkennt, der ihm aus den

Dingen und dem Geschehen entgegenleuchtet." Elias Canetti bekennt: „Seit ich Goethe lese, erscheint mir alles, was ich unternehme, legitim und natürlich; nicht, daß es seine Unternehmungen sind, es sind andere, und es ist sehr fraglich, ob sie zu irgendwelchen Ergebnissen führen können. Aber er gibt mir mein Recht: Tu, was du tun mußt, sagt er, auch wenn es nichts Tobendes ist, atme, betrachte, überdenke!" Harald Poelchau, Seelsorger vieler nach dem 20. Juli 1944 verurteilter Widerstandskämpfer, berichtet von seinem letzten Besuch in der Todeszelle Arvid Harnacks, der die Weihnachtsgeschichte noch einmal hören und das Lied „Ich bete an die Macht der Liebe" noch einmal singen wollte: „Er bat ... darum, Goethes ‚Urworte orphisch' hören zu dürfen." Poelchau „konnte sie aus dem Gedächtnis zitieren: ‚Wie an dem Tag, der dich der Welt verliehen / Die Sonne stand zum Gruße der Planeten ...'" Ein Zeugnis über das „Versagen" Goetheschen Trostes im Angesicht des Todes überliefert dagegen die Frau des zum Tode verurteilten Widerstandskämpfers Carl Goerdeler. „Sagen Sie ihm, sein Goethe hat uns in der Gefangenschaft nicht geholfen, wohl aber Rilke", ließ er dem Freund Anton Kippenberg aus der Zelle übermitteln. Quellen: C. J. Burckhardt, Gestalten und Mächte, Manesse Bibliothek der Weltliteratur, Zürich 1961, S. 451; E. Canetti, „Dichter" (Anm. 11), S. 69; K. Harpprecht, Harald Poelchau. Ein Leben im Widerstand, Reinbek bei Hamburg 2004, S. 131; Erinnerungen an Anton Kippenberg. Aufgezeichnet von Friedrich Michael. Goethe-Museum Anton und Katharina Kippenberg-Stiftung Düsseldorf o.J., o.S.

108 *„unnachahmlichen Reiz"* – In seiner Rede auf Schiller
★   schreibt Jacob Grimm über Goethes Sprachgewalt: „Goethe besitzt eine so seltene und vorragende Sprachgewalt, daß insgemein kein anderer unserer deutschen Schriftsteller es ihm darin gleichtut. Wo er seine Feder ansetzt, ist unnachahmlicher Reiz und durchweg fühlbare Anmut ausgegossen." Zitiert nach Wilhelm Schoof, Goethe und die Brüder Grimm, Goethe-Jahrbuch 1954, S. 255.

109 *Deutschland war groß* – Schellings Worte nach Goethes Tod, abgedruckt in der „Münchner Allgemeinen Zeitung" vom 4. 4. 1832, lauteten: „Deutschland war nicht verwaist, nicht verarmt, es war in aller Schwäche und inneren Zerrüttung groß, reich und mächtig von Geist, so lange G o e t h e – l e b t e."

110 *Martin Walser oder Tilman Jens* – Zu Martin Walser und seinem Eckermann-Buch „In Goethes Hand" vgl. die Ausführungen zu Johann Peter Eckermann, S. 80 ff. Tilman Jens legte im Goethe-Jubiläumsjahr 1999 seinen als „Schmähschrift" titulierten Band „Goethe und seine Opfer" vor, in dem er auf subtile Weise Konflikte aus dem Leben Goethes mit Freunden und Zeitgenossen (etwa Lenz, Klinger u.a.) unter das Motto „Augen auskratzen, Ohren abreißen ..." (Überschrift des Kapitels I bei Jens unter Verwendung einer Formulierung des 6-jährigen Goethe aus „Dichtung und Wahrheit") stellt.

110 *„Sie kennen also auch den großen Goethe?"* – Zitiert nach: Romain Rolland, Goethe und Beethoven. In: Jahrbuch der Sammlung Kippenberg 7 (Anm. 57), S. 73.

111 **Johann Gebhard Walbaum** *(1768–1837)* – Schriftgießer, Graphiker und Stempelschneider. Der gelernte Kaufmann und Konditor entwickelte sich als Autodidakt zum Meister des Formenstechens und Stempelschneidens. Ab 1796 betrieb Walbaum in Goslar eine eigene Schriftgießerei. Der Weimarer Industrielle Bertuch holte ihn in sein Landes-Industrie-Comptoir. Walbaums Schriften feierten bald im In- und Ausland Erfolge. Als bekannteste Schrift aus seiner Werkstatt gilt die bis heute verwendete Walbaum-Antiqua.

112 *der benachbarten Apothekerfamilie Hoffmann* – Dr. C. A. Hoffmann übernahm 1799 die Hofapotheke am Marktplatz in Weimar (bis heute an ihrem schönen Erker zu erkennen!).

112 *vom unweit entfernten Büttnerschen Erbbegräbnis* – Der Hofadvokat Friedrich Karl Büttner, Freund der Familie Goethe, übernahm nach August von Goethes Tod die

Vormundschaft für Alma von Goethe. Die Tafel des Büttnerschen Erbbegräbnisses ist kaum noch zu entziffern.

113 **Christian August Vulpius** *(1762–1827)* – Bruder
Christiane von Goethes. Bühnendichter, Romanschrift-
steller und Bibliothekar in Weimar. Seine Bittschrift an
Goethe, überreicht von der Schwester, hatte im Juli 1788
Christiane und Goethe zusammengeführt. Vulpius' Best-
seller, die Räubergeschichte „Rinaldo Rinaldini" (1798) er-
reichte phantastische Auflagen.

113 *„Er wollte die Befugnisse des alten"* – F. W. Riemer, „Mittheilungen" (Anm. 40), S. 16.

114 *Genast berichtet nämlich* – E. Genast, „Erinnerungen"
(Anm. 34), S. 82.

117 *„Der Menschheit Würde"* – F. Schiller, Die Künstler.

117 *„gewisse Configurationen im menschlichen Körperbau"* –
Karl A. Böttiger, Literarische Zustände und Zeitgenossen.
Begegnungen und Gespräche im klassischen Weimar. Hrsg.
von K. Gerlach und R. Sternke, Berlin 1998, S. 69.

118 *„Ich laß immer beide Hände"* – Vorh. Anm., ebd.

118 *„Die gelungene Tat ist noch ganz so häßlich"* – Börnes Ver-
werfung von Tells „Heldentat" wird zitiert nach Friedrich
Schiller, Werke und Briefe, Frankfurt am Main 1997, Bd.
5, S. 815 f.

119 *„Gleich am andern Morgen"* – Zu Abeken vgl. Anm. 26.
Zitat hier aus: Abeken, Goethe in meinem Leben, S. 75.

120 *Heinrich Dickerhoff* – Dr. Heinrich Dickerhoff, geb. 1953,
Theologe, Autor. Seit 2001 Präsident der Europäischen
Märchengesellschaft.

121 *Salomo Franck (1659–1725)* – Konsistorialrat und
Kirchenliederdichter, ehemaliger Bewohner der Geleit-
schenke, dem heutigen „Köstritzer Schwarzbierhaus"
(Scherfgasse). Verfasste neben Kirchenliedern u. a. Texte
für Johann Sebastian Bachs Kantaten.

122 *Philipp Friedrich Seidel (1755–1820)* – Von 1775 bis 1788 als Diener, Sekretär und persönlicher Vertrauter in Goethes Diensten, später Rentamtmann in Weimar.

122 *„Philipp, der obgleich etwas kleiner"* – Zitiert nach Walter Schleif, Philipp Seidel, der Betreuer von Goethes Haushalt in den Jahren 1775–1788. In: Goethe-Jahrbuch 1960, S. 153.

123 *„Der macht wieder einmal den Gott Baal"* – Ebd., S. 162.

123 *Als Christiane „frisch und kräftig blühend"* – Zitiert nach: Effi Biedrzynski, Goethes Weimar. Das Lexikon der Personen und Schauplätze, Zürich 1992, S. 413.

125 *„Unsere Väter dencken anders"* – Brief Goethes an Behrisch vom 10.–14. Nov. 1767, WA IV, 1, S. 144.

125 *„Ich lernte das Nein"* – Goethes Briefe an Philipp Seidel. Italien 1786–1788. Mit einer Einleitung von Dr. C. A. H. Burkhardt, Wien 1893, S. 19.

125 *„Goethe schwieg. Er verreiste, verstummte"* – Effi Biedrzynski, „Lexikon" (Anm. 123), ebd.

126 *„Du warest meine Lust"* – Zeile aus der Kantate „Ich hatte viel Bekümmernis" von J. S. Bach, BWV 21.

126 *John Coltrane (1926–1967)* – Amerik. Jazzmusiker, Mitbegründer des Free Jazz; Thelonious Monk (1917–1982), amerik. Jazzmusiker, Komponist.

126 *1957 gelang dem Saxofonisten* – Von „musikalischer Kernfusion" und „Hinausschieben des Horizonts" spricht Konrad Heidkamp in der Wochenzeitung „Die Zeit" vom 29. 9. 2005, S. 52, in seinem Bericht über den sensationellen Fund einer Aufzeichnung des Konzerts.

129 *„Gott hat das alles gut gemeint"* – Ludwig Bäte, Weimarer Elegie, Berlin 1961, S. 8. (Zitat aus „Lukas Cranach")

129 *„Vom schwankenden Los"* – In der Elegie „Euphrosyne", die an den Tod der von Goethe geförderten jungen Schau-

spielerin Christiane Becker-Neumann erinnert, heißt es: „... doch über des Menschen Leben, den köstlichen Schatz, herrschet ein schwankendes Los." Auf dem Sockel des Grabmals der Schauspielerin (Grab 7 auf dem Plan „Jakobskirchhof", S. 128) ist der Vers eingemeißelt (mit kleinen Abweichungen!).

130 **Christiane von Goethe**, geb. *Vulpius (1765–1816)* – Lebensgefährtin und Ehegattin Johann Wolfgang von Goethes.

130 **Friedrich Wilhelm Karl Graf von Schmettau** *(1742–1806)* – Preußischer Generalleutnant. Starb im Oktober 1806 nach der Schlacht von Jena und Auerstedt in Weimar an seinen Verwundungen.

130 *Fürstin Gallitzin* – Adelheid Amalia Fürstin, geb. Gräfin von Schmettau (1748–1806), zentrale Gestalt des „Kreises von Münster". Goethe besuchte die Fürstin im Dezember 1792.

130 *Johann Georg Hamann (1730–1788)* – Schriftsteller und Theologe aus Königsberg. „Ich gebe die Hoffnung nicht auf, eine Herausgabe der Hamannschen Werke entweder selbst zu besorgen oder wenigstens zu befördern ..." (Goethe in „Dichtung und Wahrheit" über das Werk des Königsbergers, der 1788 in Münster starb und dort begraben liegt.)

130 **Lucas Cranach d. Ä.** *(1472–1553)* – Maler und Kupferstecher. Von Cranach und seinem Sohn stammt der große Altar in der Stadtkirche St. Peter und Paul (Herderkirche).

130 *„Nimm wenig Öl"* – Ludwig Bäte, „Weimarer Elegie" (Anm. 129), S. 8.

131 *„allen Fallgesetzen zum Trotz"* – Jutta Hecker, Die Maske, Weimar 1957, S. 97.

131 **Johann Joachim Christoph Bode** – Vgl. Anm. 10.

132 *„Unsere Romane, unsere Trauerspiele"* – Eckermann, „Gespräche", 3. Dez. 1824.

133 *„und am Ende sind es"* – Brief an Zelter vom 25.12. 1829.

133 **Johann Karl August Musäus** *(1735–1787)* – Schriftsteller, Gymnasialprofessor. Die nachfolgenden Zitate zu Musäus sind dem Band „Volksmärchen der Deutschen" entnommen (Anm. 21).

136 **Johann Gottfried Walter** *(1684–1748)* – Organist und Komponist. Herausgeber des ersten deutschen Musiklexikons (1732).

137 *als „Krampfhennen" einstufe* – Arno Schmidt zu „Beatles" und „James Bond-Filmen": „... ich bin altmodisch; ich bekenne gern, daß mir sowohl <beatles>, als auch jene Herrn, die habituell von durchgehenden Rennwagen abspringen müssen, um nur ein bißchen Aufsehen zu erregen, schlicht als <Krampfhennen> vorkommen." Dass der Begriff „Krampfhennen" aus dem Goebbelschen Wortschatz stammt, dürfte Arno Schmidt gewusst haben. In: Enter Conte Fosco!, BA III/4, S. 428.

138 **Christiane Becker-Neumann** *(1778–1797)* – Schauspielerin. Lieblingsschülerin Goethes. Aufgewachsen im Nachbarhaus (Eckhaus) neben Christiane von Goethes Geburtshaus in der Luthergasse.

142 *Goethe-Forscherin Katharina Mommsen* – Über Schillers Brief an Charlotte von Schimmelmann vom 23.11.1800 urteilte Katharina Mommsen in ihrem Festvortrag „Goethe und unsere Zeit" auf der 76. Hauptversammlung der Goethe-Gesellschaft in Weimar, 1999: „Dies ist das schönste Zeugnis über den Charakter Goethes, das Zeugnis eines Mannes von unbestreitbar herrlichem Charakter nach sechs Jahren intensivsten Zusammenlebens." (Goethe-Jahrbuch 1999, S. 39)

144 **Luise von Göchhausen** *(1747–1807)* – Hofdame der Herzogin Anna Amalia.

145 *als jene russischen Ballfrauen* – Nikolai Gogol, Die toten Seelen (ins Deutsche übersetzt von Franz Xaver Schaffgotsch), Gütersloh o.J., S. 218.

146 **Wilhelm Christoph Günther** *(1755–1826)* – Pfarrer,

Oberkonsistorialrat. Traute Goethe und Christiane Vulpius in der Sakristei der Jakobskirche.

146 *„Die Eheschließung ist die Legitimation"* – S. Damm, Christiane und Goethe, Eine Recherche, Frankfurt am Main 1998, S. 349.

147 **Carl Ludwig Fernow** *(1763–1808)* – Bibliothekar, Italienischlehrer.

148 *„Sie ist also wahrscheinlich die einzige"* – Goethe-Jahrbuch 1918, S. 225.

148 *„so zog sie allein einen Treffer"* – Ebd., S. 230.

149 **Georg Neumark** *(1621–1681)* – Bibliothekar und Lieder-dichter, Sekretär der „Fruchtbringenden Gesellschaft".

151 *„Er nahm sie, beinahe sofort"* – Effi Biedrzynski, „Lexikon" (Anm. 123), S. 123.

151 *„Intelligenz lähmt, schwächt, hindert?:"* – Arno Schmidt, Das steinerne Herz, BA I/2, S. 9.

151 *„Der letzte Kardinal der Freudkirche"* – „Frankfurter All-gemeine Zeitung" vom 24. 2. 1999 über Kurt Robert Eissler.

151 *Halten wir es jedoch lieber* – Nachfolgende Zitate aus: H.
★ von Ditfurth, Meine Bilanz, Innenansichten eines Art-genossen, 5. Aufl. Düsseldorf 1990, S. 290 ff. Vgl. K.R. Eisslers Ausführungen zu Goethes Prismenversuchen in: K. R. Eissler, Goethe, Eine psychoanalytische Studie, 1775–1786, 2 Bd., dtv-TB-Ausgabe München 1987, S. 1265 ff. Erstaunen darf, wie geradezu gläubig und unkritisch einige Goethe-Biographen Eisslers Deutungen in vielerlei Hinsicht folgen. Es liegt allen Details nach übrigens nahe, dass der achtunddreißigjährige Goethe in Rom Befreiung von einer Phimose fand (die Weltstadt bot dazu im Vergleich zu Frankfurt oder gar Weimar die besten Möglichkeiten!). Weshalb Eissler einer in der Tat „herbeigezogenen" Deutung folgt, mag wohl mit dem selbst für den professio-nellen Analytiker geheimnisvollen Reiz jener „Unsinns-grazie" zu erklären sein. Auf die Phimoseproblematik von

Goethes Vater geht Eissler erstaunlicherweise ein.

153 *Du sollst dir vor Schmerz* – Nachfolgende Zitate aus: Bode,
„Vertrauliche Briefe II" (Anm. 65), S. 649–661.

154 *Ich habe neulich ein Tanzstudio* – Karl Koch, Was ihr wollt!
Firmennamen dürfen künftig phantasievoll sein, eine Reform
macht es möglich. In: „Die Zeit" vom 3. 12. 1998, S. 79.

154 *Werthers Lotte aus Wetzlar* – Charlotte Kestner, geb. Buff
(1753–1828), Goethes „Lotte" aus dem „Werther", war
1816 wenige Wochen nach Christiane von Goethes Tod in
Begleitung ihrer Tochter Klara nach Weimar gereist.
Thomas Mann verarbeitete den Besuch als literarisches
Motiv in seinem Roman „Lotte in Weimar".

156 *„Auch Goethens und seiner Frauen Büste"* – Brief von Klara
Kestner an ihren Bruder August vom 29.9.1816. In: Bode,
„Vertrauliche Briefe II" (Anm. 65), S. 661.

156 *„denn aus seinem Innern"* – Ebd.

156 *Alfred Kerr, der sprachgewaltige* – Alfred Kerr (1867–
1948), Schriftsteller, Kritiker. Vor 1933 einer der einflussreichsten Theaterkritiker in Berlin.

159 *Brudersphären-Wettgesang* – Goethe, „Faust", Prolog im
Himmel: „Die Sonne tönt nach alter Weise / In
Brudersphären Wettgesang, / Und ihre vorgeschriebne
Reise / Vollendet sie mit Donnergang."

160 *der kolossalen Juno Ludovisi* – Büste im nach ihr benann-
ten Junozimmer des Goethehauses am Frauenplan.
Goethe erhielt 1823 einen Gipsabguss der von
Winckelmann bereits 1764 in seiner „Geschichte der
Kunst des Altertums" erwähnten Juno-Büste und stellte
sie am Fenster auf. Dort steht sie noch heute.

161 *„Welche Wonne ist es zu denken"* – Brief des Pastors zu ***
an den neuen Pastor zu***, WA I, 37, S. 155–173.

162 *‚Wiederbringung aller' nennt man das* – Mit dem Einfluss
★   der Lehre von der Allversöhnung oder „Wiederbringung

aller", griech. Apokatastasis panton, des später verurteilten Kirchenvaters Origines (verstorben um 250/51) im „Faust" beschäftigt sich umfangreich Albrecht Schöne in seinem „Faust"-Kommentar, Insel Taschenbuch 3000, Frankfurt am Main 2003, S. 766 f. u. S. 788 ff.

164 *was Sinn und Ziel all dieser Verhältnisse* – Anspielung auf Goethes „Denn wozu dient alle der Aufwand von Sonnen und Planeten ..." (Vgl. Anm. 9).

165 *Gott brauchte jemanden* – Der Gedanke der ausschließ-
★ lichen Begründung der menschlichen Existenz aus dem Auftrag zum Lobe Gottes findet sich in heiterer Form auch in Heinrich Heines „Harzreise", wenn es mit Spottabsicht gegen einen Mitwanderer, der dem Verfasser die „Zweckmäßigkeit und Nützlichkeit" der Natur beweisen möchte, heißt: „Ja, ich weiß es besser: Gott hat den Menschen erschaffen, damit er die Herrlichkeit der Welt bewundere. Jeder Autor, und sei er noch so groß, wünscht, daß sein Werk gelobt werde. Und in der Bibel, den Memoiren Gottes, steht ausdrücklich: daß er die Menschen erschaffen zu seinem Ruhm und Preis."

167 *„daß alle diejenigen auch für dieses Leben tot sind"* – Goethe zitiert im Gespräch mit Eckermann (Anm. 80) am 25. Februar 1824 Lorenzo von Medici (1448–1492).

167 *dass ausgerechnet Johannes Kepler* – Johannes Kepler (1571–1630). Die Zitate sind übernommen aus: Eberhard Buchwald, Farbenlehre als Geistesgeschichte, Festvortrag auf der Hauptversammlung der Goethe-Gesellschaft in Weimar, 11. Juni 1954, Goethe-Jahrbuch 1954, S. 8 f.

168 *Anselm von Canterbury (1033–1109)* – Theologe und Philosoph, Erzbischof von Canterbury. Prägte den sog. „Seinsbeweis" für die Existenz Gottes („Es muss einen Gott geben, weil es das Sein gibt!").

171 *Ernst Wiechert, der Schriftsteller* – Ernst Wiechert, Der Totenwald - Eine Mauer um uns baue. München, Wien 1979, S. 90.

173 *„Wir sind Alle Heinis"* – Arno Schmidt, Goethe und Einer seiner Bewunderer, BA I/2, S. 205. („Alle" bei A.S. groß!)

174 *„Wehrlose Wahrheit"* – Hinrich Stoevesandt, Wehrlose Wahrheit. Die Christus bekennende Kirche inmitten der Vielfalt der Religionen. In: Zeitschrift für Theologie und Kirche, Bd. 102, 2005, S. 204–225.

174 *„Die Welt ist groß genug"* – Arno Schmidt, „»<WAHRHEIT> - ?« SEGGT PILATUS, UN GRIFFLACHT" – BA III/3, S. 500.

175 *„dieser Mann, er ist mit allem im Reinen"* – Zitiert nach E. Beutler, Einführung in Eckermanns Werk (Anm. 80), S. 827.

175 *„Anklage gegen Gott"* – Ebd.

177 *„Als wären wir der Mittelpunkt"* – Eugen Kühnemann, Goethe und Spinoza. In: Goethe-Jahrbuch 1929, S. 287.

177 *Donndorfbrunnen* – Ecke Geleitstraße/Rittergasse. Der auch als schönster Brunnen Weimars bezeichnete Brunnen wurde 1895 von dem gebürtigen Weimarer Adolf Donndorf (1835–1916) erbaut. Motiv: „Wasser holende Mutter mit Kindern" (mit Bezug zur Kindheit Donndorfs).

177 ★ *Baruch de Spinoza (1632–1677)* – Niederländischer Philosoph jüdischer Herkunft, Hauptwerk „Ethik" (um 1662). Von Goethe stammt eine eigene „Studie nach Spinoza" (WA II, 11, S. 313–319), deren Einordnung und Bedeutung in jüngster Zeit Allessandro Costazza im Goethe-Jahrbuch 1995, S. 259–274, kommentiert hat. Eine Bilanz der spinozistischen Philosophie liefert in kompakter Form Wolfgang Bartuschat in seinem Aufsatz „Baruch de Spinoza (1632–1677)". Dort heißt es u.a.: „Sein Gott hat weder Verstand noch Wille, und schon gar nicht kommt ihm Güte zu; er kennt keine Ziele und keine Zwecke, handelt also nicht um etwas willen, schon gar nicht um der Menschen willen, mit denen er es gut meinen könnte und die er deshalb bestrafen oder belohnen würde. Er ist weder ein persönlicher Gott, wie das

Christentum annimmt, noch ein gesetzgebender Gott, wie das Judentum annimmt – allein Menschen sind Personen und allein Menschen geben Gesetze." In: Hans Erler, Ernst Ludwig Ehrlich (Hrsg.), Judentum verstehen. Die Aktualität jüdischen Denkens von Maimonides bis Hannah Arendt, Frankfurt/Main 2002, S. 76.

178 *Spinoza der Poesie* – Heinrich Heine in seiner Abhandlung „Zur Geschichte der Religion und Philosophie in Deutschland" über den jungen Goethe.

179 *„und man dreht sich herum und schläft ein"* – Heine im März 1849 an seine Schwester Charlotte.

179 *Heines Abrechnung mit dem Pantheismus* – Im Nachwort zu
★ „Romanzero" schreibt Heine: „Ja, ich bin zurückgekehrt zu Gott wie der verlorene Sohn [...] Auf meinem Wege fand ich den Gott der Pantheisten, aber ich konnte ihn nicht gebrauchen. Dies arme träumerische Wesen ist mit der Welt verwebt und verwachsen, gleichsam in ihr eingekerkert, und gähnt dich an, willenlos und ohnmächtig ... Ich habe vom Gott der Pantheisten geredet, aber ich kann nicht umhin zu bemerken, daß er im Grunde gar kein Gott ist, so wie überhaupt die Pantheisten eigentlich nur verschämte Atheisten sind ..."

179 *„Indem wir uns in der Selbstdurchsetzung suchen"* – Eugen Kühnemann, „Goethe und Spinoza" (Anm. 177), S. 287.

180 *Das Bekenntnis der kranken Schriftstellerin Sandra Paretti* –
★ Die Schriftstellerin Sandra Paretti (1935–1994) nahm in ihrer selbst verfassten Todesanzeige am 12. März 1994 mit den Worten Abschied: „Der Name der Krankheit tut wenig zur Sache, habe ich es doch mit der Krankheit wie mit dem Leben gemacht, ich umarmte sie, und siehe da, sie wurde mein letzter Geliebter." Sandra Paretti schied freiwillig aus dem Leben.

181 *Alfred Kerr* – Alfred Kerr, Du bist so schön! Die Welt im Licht II. Gesammelte Schriften, Zweite Reihe, 2. Band, Berlin 1920, S. 143.

181   *Dietmar Grieser* – Journalist und Autor, u.a. „Schauplätze der Weltliteratur" (1974).

181   *Horst Krüger (1919-1999)* – Krüger schrieb neben „Tiefer deutscher Traum" (Anm. 29) u.a. „Poetische Erdkunde".

Musikhinweise

Goethe-Gedichte (Vertonung Franz Schubert)

„Kosend spielt er mit dem Staube" (S. 29)
Aus: Suleika I („Was bedeutet die Bewegung ...")

„Später warnt der ‚alte Zecher'"(S. 32)
Aus: Es war ein König in Thule

„Und küß ich Stirne, Bogen, Augen, Mund" (S. 41)
Aus: Versunken

„Da droben auf jenem Berge" (S. 81)
Aus: Schäfers Klagelied

„seiner Augen Gewalt", „seines Mundes Lächeln",
„sein' edle Gestalt" (S. 102)
Aus: Gretchen am Spinnrade („Meine Ruh' ist hin ...")

Goethe-Gedichte (Vertonung Carl Friedrich Zelter)

„Der du von dem Himmel bist" (S. 25)
Aus: Wandrers Nachtlied

„Die ‚himmlischen Mächte' ... trotz aller ‚Pein' und aller
‚Schuld'" (S. 106)
Aus: Klage (Harfenspieler III); Wer nie sein Brot mit Tränen aß

„Lieber durch Leiden möcht' ich mich schlagen ..." (S. 109)
Aus: Rastlose Liebe; „Dem Schnee, dem Regen, dem Wind entgegen ..."

Johann Sebastian Bach

„Ich hatte viel Bekümmernis" (S. 122)
Aus: Bach, Kantaten BWV 21

The Beatles

„Yesterday" (S. 137)

Paul McCartney und John Lennon, 1965

Ludwig van Beethoven

„Zu Beethovens ‚Schlachtgemälde' ... darf Johann Nepomuk
Hummel mit Giacomo Meyerbeer an der großen Trommel den
Kanonendonner hervorzaubern" (S. 55)
Beethoven, Wellingtons Sieg oder Die Schlacht bei Vittoria
(Schlachtensinfonie) op. 91

John Coltrane/Thelonious Monk

„Musikalische Kernfusion" (S. 126)
Thelonious Monk Quartet with John Coltrane: At Carnegie
Hall. Den sensationellen Fund einer Aufzeichnung des Konzerts
bietet Blue Note 36023.

Johann Nepomuk Hummel

„Welch ein Glück von einem solchen Werk" (S. 60)
J. N. Hummel: La bella capricciosa, op. 55

Georg Neumark

„Wer nur den lieben Gott lässt walten" (S. 149)
Das alte Kirchenlied von Georg Neumark erlebt in dem Film
„Vaya con Dios" von Zoltan Spirandelli, mit Daniel Brühl,
Matthias Brenner, Michael Gwisdek und Chiara Schoras, eine
überraschende, wunderschöne Präsentation.

Franz Schubert

„Dann rief Matthias Claudius' ‚Wilder Knochenmann'" (S. 61)
F. Schubert: Der Tod und das Mädchen, Streichquartett d-moll
D 810

Richard Wagner

„Des in Weimar zum ersten Mal auf die Bühne gebrachten
‚Lohengrin'" (S. 35)
„Lohengrin" – Romantische Oper von Richard Wagner.
Am 28. August 1850 in Weimar uraufgeführt.

Karl Koch

Wie im Morgenglanze

Literarische, musikalische und theologische
Morgenspaziergänge durch Weimar

Literaturlandschaften Taschenbuch
ISBN 978-3-926304-11-7
1. Auflage 2009, 224 S., € 8,50

Mit einer erfrischenden Liebe zu Weimars Straßen und Plätzen, Häusern, Museen, Parks und Friedhöfen (einer Liebe, die neben zuweilen rührender Sentimentalität ebenso mit Houellebecqschen Abgründen hantiert!) schweift der Autor bevorzugt in aller Frühe durch die Goethe-Stadt. Kopf und Jackentasche vollgestopft mit überflüssigen Informationen vergessener Quellen, treibt ihn die lustvolle Bereitschaft zur Auseinandersetzung mit Weimar-Widersachern wie Weimar-Süchtigen aus Literatur, Musik, Kunst und Religion. Oft in Jahrhundertsolidarität Seite an Seite mit Enthusiasten wie dem ehemaligen Hauslehrer der Schillerschen Kinder, Bernhard Rudolf Abeken („Was sind seine Schwächen gegen das Große, das wir in Goethe besitzen!"), und anderen Kämpfern aus dem „Goetheschen Freycorps" (Heine).

Allein die sensible Beleuchtung der deutsch-deutschen Vergangenheit als faustischen „Brudersphären-Wettgesang" und die sich durch alle Betrachtungen ziehende Weisheit des Alten vom Frauenplan, dass letzten Endes „alles aufhört, politisch zu sein und bloß menschlich wird", lässt die Morgenspaziergänge wie eine schlummernde Parklandschaft aus dem bewegten Kosmos der Weimar-Literatur herausragen.

Karl Koch

Verweile doch, du bist so schön!
Weimarer Tagebuch

Literaturlandschaften Taschenbuch
ISBN 978-3-926304-13-1
Erscheint 2010

Benötigt man zur „wahren Erkenntnis" tatsächlich „bloß Trümmer"? Kochs Weimar-Beobachtungen im ersten Jahrzehnt des neuen Jahrhunderts bieten auf ebenso sanfte wie herausfordernde Weise beides: Trümmer und gleichzeitig majestätische Bauwerke der Erinnerung, Beobachtung und Deutung. Mit einem besonderen Gespür für das Vergangene im Gegenwärtigen hält der Autor seine Begegnungen mit der Stadt an der Ilm fest. Nichts ist ihm dabei zu nebensächlich, um nicht als „Weltgeschichte" entlarvt werden zu müssen. Falsches Pathos, Albernheit oder gar Lokalpatriotismus sind dem Autor dennoch völlig fremd.

Ob es um die Rettung der Lutherbibel aus den Flammen der Anna Amalia Bibliothek im September 2004 geht oder um den Abriss der alten Hotelmauern in der Geleitstraße, in denen Franz Kafka bei seinem Besuch in Weimar wohnte, immer offenbart der Autor hinter dem äußeren Geschehen eine Sicht der Dinge, die staunen macht und das Große, manchmal Unheimliche in den „winzigen Möglichkeiten des Menschen" aufzeigt.

Das Beste an Kochs ungewöhnlichen Gratwanderungen zwischen Weimars Himmel und Erde, Ilmwiesen und Jakobsviertel, Historischem Friedhof und Altweimarischer Bierstube jedoch ist seine auf jeder Seite spürbare Anlehnung an Goethes beglückende Maxime „Blieb Liebhaber bis ans Ende".

Karl Koch

Einsam, über alle Wälder erhoben

Literarische, musikalische und theologische
Ausflüge zu den Goethestätten um Weimar

Literaturlandschaften Taschenbuch
ISBN 978-3-926304-12-4
Erscheint 2011

Auszug „Auf dem Kickelhahn bei Ilmenau"

Der Hüttenbewohner hatte sich vor seiner bescheidenen Behausung niedergelassen, um das grandiose Schauspiel des Sonnenuntergangs über dem Gebirgszug zu genießen. Dabei war er, wohl unter dem seligen Einfluss einer ersten Flasche Wein, eingeschlafen. Sein berühmtester Kollege aus der Meisterwerkstatt der deutschen Sprache (größer noch als er!) hatte die Szene einmal so beschrieben: „Und er kam an einen Ort, da blieb er über Nacht; denn die Sonne war untergegangen. Und er nahm einen Stein des Orts und legte ihn zu seinen Häupten und legte sich an dem Ort schlafen."

Der Bote aus Ilmenau, Braten und eine weitere Flasche Rotwein im Korb, muss ihn wecken. Weder Bote noch Empfänger ahnen, dass Deutschland in dieser Nacht auf dem schweigenden Kickelhahn bei Ilmenau ein Reichtum geschenkt wird, mit dessen Verzinsung Krupps Stahlgewinne, Bertelsmanns Medienmilliarden und Siemens' High-Tech-Rendite in den kommenden Jahrhunderten einfach nicht mithalten können. Das ganze Vermögen besteht aus vierundzwanzig Wörtern und lässt sich zunächst viele Jahre Zeit, bevor es mit Deutschlands siegreichster Armee, der Literatur, allmählich die Welt erobert.